名古屋史跡巡り　二

南区史跡巡り

榊原邦彦

中日出版

凡例

一　本書は南区の史跡を多くの方々に知つて頂きたく執筆した。

一　第一部　古来の村
　　第二部　新田
　　第三部　読物
　とした。第二部は江戸時代以降となる。

一　郷土史の出版物には記事が古書に拠るのか、伝承に拠るのか、筆者の独自の推定なのか不明のものが多い。本書には記述の根拠となる史料や、これまでの研究文献を多く引用した。

一　南区の史跡は多くあるので、なるべく古い時代の史跡を取上げ、新しい時代の史跡は割愛した。

一　年代を記さぬ写真は平成二十七年、二十八年に撮影した。

一　史跡の現在の町名、番地は推定で記したものがある。

一　仮名遣は日本国憲法に遵ひ歴史的仮名遣（正仮名遣）を用ゐた。

一　桶廻間合戦関係の史跡は榊原邦彦『桶廻間合戦研究』（中日出版社）を参照して頂ければ幸に存ずる。

一　神社は『南区神社名鑑』、『南区の神社をめぐる』に拠るところが多い。謝意を表す。

南区のあらまし

南区は東半分の高地と西半分の低地とに分れる。東半分は江戸時代より前に村として成立してゐた村々であり、西半分は江戸時代に入つてから鳴海潟の海を干拓して出来た新田である。
古くからの村々は山崎村、新屋敷村、戸部村、桜村、笠寺村、本地村、南野村、荒井村、牛毛村の九村がある。
南区最古の考古遺跡は縄文時代の粕畠貝塚であり、笠寺村の南方粕畠町三丁目から貝、鹿や猪の骨、石器などが採集された。
他に縄文時代の遺跡として新屋敷貝塚、曽池遺跡、春日野町遺跡、見晴台遺跡、下新町遺跡、市場遺跡、本城町遺跡がある。これらの多くは弥生時代にも引継がれた。
『萬葉集』の高市連黒人の和歌に、
桜田部　鶴鳴渡　年魚市方　塩干二家良之　鶴鳴渡
桜田へたづ鳴渡る年魚市潟塩干にけらしたづ鳴渡る
榊原邦彦『東尾張歌枕集成』（鳴海土風会）に拠る。
として桜村の桜田が詠まれた。

『倭名類聚抄』の愛知郡十郷の中に「作良郷」があり、桜村が中心で、周囲を含めたと見られる。十郷の一つに「千竈郷」があり、山崎村の西南に字名の「千竈」があつた事から、南区内を郷域とする説がある。一方愛知郡の西条に属するとして愛知郡の西部とする説がある。

星崎郷は『倭名類聚抄』に見えず、平安後期以降の郷名であるが、応永廿八年（一四二一）の寄進状に「尾州星崎郷之内、笠覆寺」とあり、笠寺村は星崎郷に含まれてゐた。新屋敷村が山田ノ庄に属する他は、八村が星崎ノ庄に属した。

『尾張徇行記』に拠ると山崎村は久寿年中（一一五四―五六）には村でなかつたとある。新屋敷村は山崎村より新しい。星崎四ヶ村の本地村、南野村、荒井村、牛毛村では本地村が最も古く、南野村、荒井村、牛毛村の順に成立した。桜村、戸部村、本地村が南区の村の中で古い村であった。

『尾張国地名考』に、

牛毛と荒井は二村なり　文化年間より官府にては一串に牛毛荒井とよぶ

とあり、本書でも従つた。

南区史跡巡り

目次

第三章　読物

表紙　広重「諸国六十八景　尾張　松風の里」

村の図

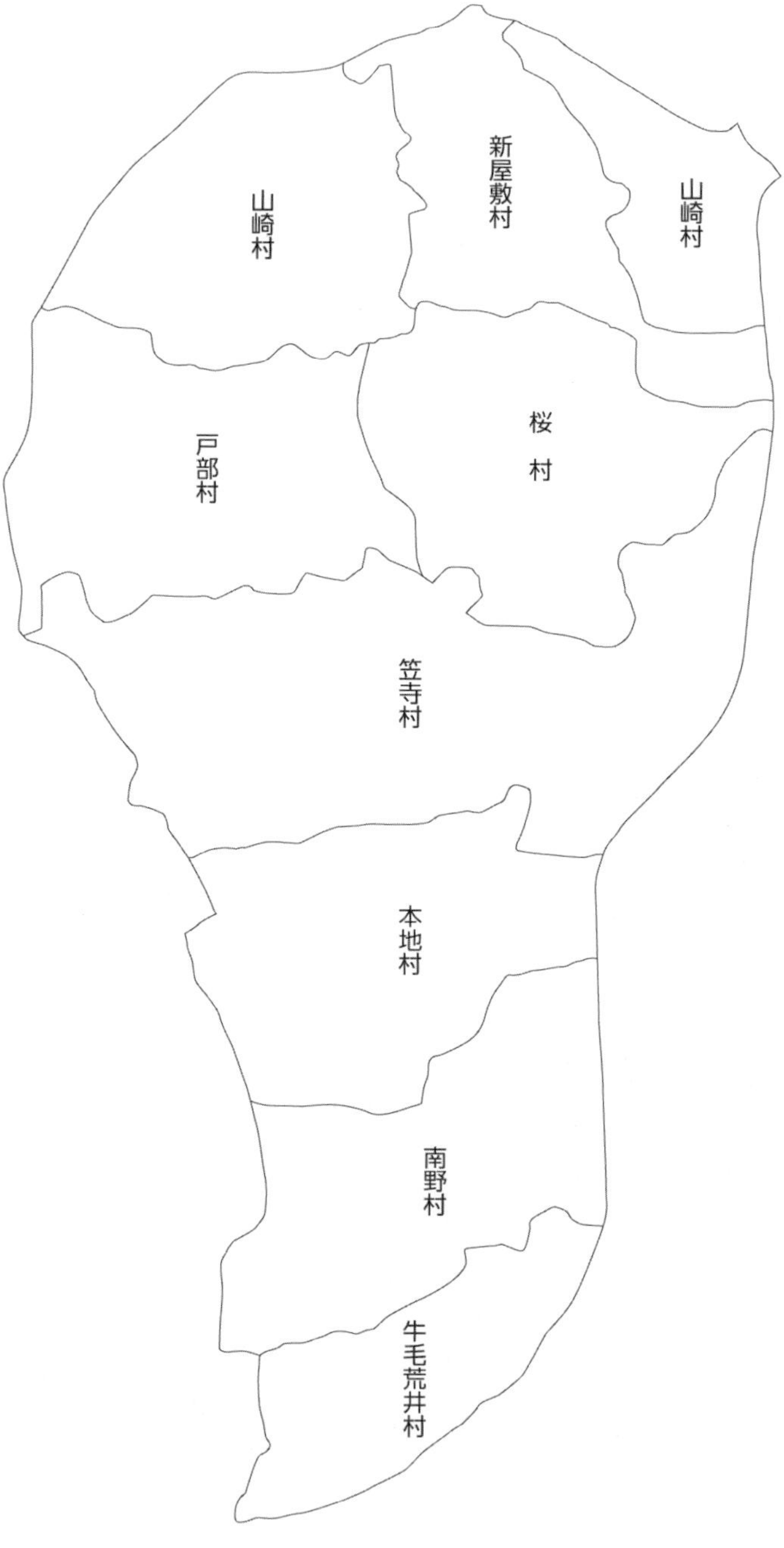

第一章　村

一　山崎村　やまざきむら

一　山崎村の概況　『尾張徇行記』に拠る

寛文年間　戸数　百九十四戸　人口　千百七十七人
文政年間　戸数　百十九戸　人口　六百五十人
元高　九百十三石二斗三升二合
概（なら）高（し）　千五百六石八斗一升二合
田　二十八町六反一畝六歩
畑　三十二町九反六畝七歩
東西　九町四十八間　南北八町余
枝村（枝郷）　名子　山寺

二　山崎村の史跡

秋葉神社　あきはじんじゃ　駈上一丁目六

境内の「建設之記」の碑に、

熱田皇太神ト秋葉神トヲ斎（イツ）キ奉リ俗ニ秋葉様ト称シ奉ル　従来敷地ヲ転々セラレ字釜塚ニ鎮座アリシヲコノ度紀元二千六百年に際シ

この地に新築遷座したとある。

境内で年代の判るものは大正十一年とある旗立であるが、創建は他の多くの秋葉神社と同じく江戸時代後期であらう。熱田大神は時代が降る。

秋葉神社　あきはじんじゃ　菊住一丁目一―三〇

ここも迦具土神（かぐつちのかみ）と熱田大神とを祠（まつ）る。幟立と献燈とに大正十一年とあるのが最古の年代であるが、江戸時代後期に秋葉社を勧請し、その後熱田社を勧請したのであらう。山崎川の堤防の南に鎮座し、隣に青峯（あをみね）観音を収めた青峯観音堂がある。

秋葉神社　呼続一―三―六一

秋葉神社　あきはじんじゃ　呼続一丁目三―六一

山崎川左岸の堤防上で山崎橋の西三十米程の所に鎮座する。文化三年（一八〇六）の『東海道分間延絵図』に見えるので鎮座はそれより遡る。昭和十年建立の「改修記念碑」がある。

秋葉神社　あきはじんじや　呼続二丁目一―二一

東海道から坂道を北に登ると、法泉寺の山門の前に鎮座するのが見える。秋葉神社は勧請の時代が不明のものが多い。この社は石柱に文久三年（一八六三）とあり、勧請の年代が判つてゐる。

秋葉神社　あきはじんじや　呼続三丁目一四―一七

昔は家の軒にあつたと云ふ。平成四年に公民館改修に際して遷座し、社殿は屋根に祀られる事になつた。珍しい立地である。

秋葉神社　呼続元町七

秋葉神社　あきはじんじや
呼続元町七

大正十五年の幟立が最も古い。入口の石柱に「迦具土神社」と「津島神社」とが刻んである。山崎川左岸の堤防上に鎮座してゐる。

青峯山　あをみねさん　菊住一丁目一―三〇

山崎川左岸の堤防上にある。師長橋の上流である。堂の中に安置され、右に「青峯山」、左に「文政講」と彫られてゐる。文政年中（一八一八―三〇）に安置した石仏を後年に再刻したものと見られる。

青峯山　あをみねさん　汐田町一―八

青峰橋の東の交叉点の角に祠る。この鎮座により青峰橋、青峰通の名が出来た。『古老懐旧談義　（一）（二）』に、

今輩倍　それで青峰通という名前をつけたんです。一時は、青峰山がかわいそうに、蹴飛ばされちまって、土手の下へ転がっとったですよ。そこらの人が、まあ、かたわらの人ですけども、拾い上げて自分の屋敷にちょっとしたものを構えて祭っとったんですわ。で、わたくし、産業は結構だけども、ああいうむかしの由緒あるものをなあ、個人の家へんへ、心あって拾ってもらえたでええけど、心がないならそれこそ、どこに転がっておるか分からんようなことはいかんでと言って、かわいそうなもんだけども、ちょっと祠のようなかっこうにして、そこに祭ってありますわ。

とある。

青峰山　あをみねさん　呼続三丁目一一—一七

地蔵院の境内西に三体の小さな石仏があり、右端の十一面観音に青峯山と刻んである。

青峰通　あをみねどほり

大正十一年呼続耕地整理組合により整地された。昭和二十四年に拡福された。

青峰橋　あをみねはし

昭和五十二年十二月竣工。松田史世『山崎川と塩付街道』に、「橋長五八・四米」とある。

安泰寺　あんたいじ　呼続元町一六—一二一

浄土宗西山禅林寺寶寿山。本尊薬師如来。桜村の南端字寶珠庵が旧地で、草創時は寶珠庵と称した。今の扇田町に寶珠庵墓地がある。

『名古屋市南区郷土史』に、保元年間に草創とあり、創立は極めて古い。但し同書に笠覆寺十二坊の一つとあるのは誤伝である。加納誠『南区の歴史ロマンをたずねて』に拠ると、政鑒（せいかん）が草創し、典空顕朗（てんくうけんろう）が成岩の常楽寺から来て山崎城の城址に安泰寺を創立したとある。『寺院明細帳』には「創立大永元年」（一五二一）とある。昭和二十年五月十七日のB二十九（ク）の空襲で本堂が全焼し、昭和二十四年に再建した。

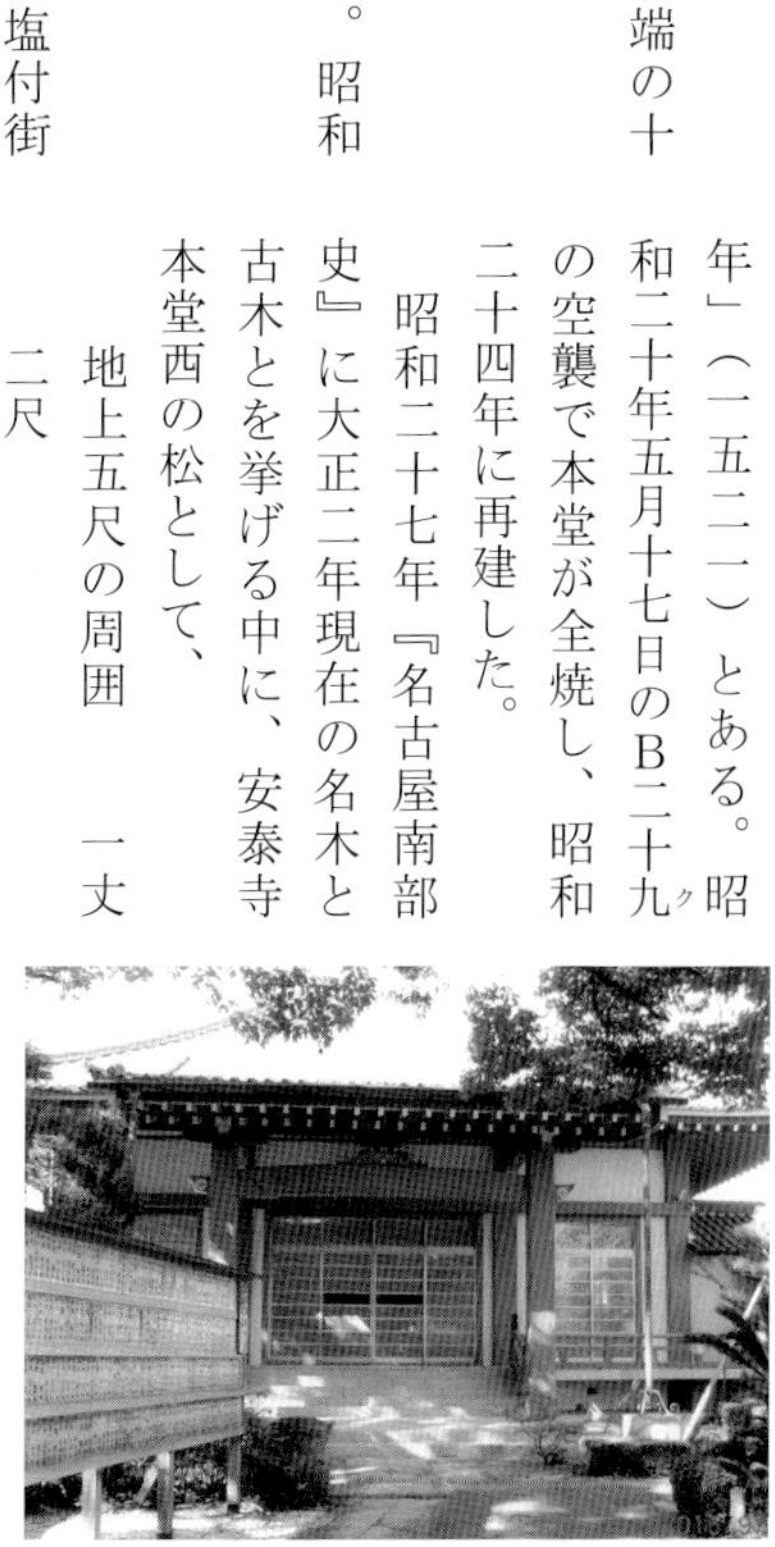

安泰寺

昭和二十七年『名古屋南部史』に大正二年現在の名木と古木とを挙げる中に、安泰寺本堂西の松として、

地上五尺の周囲　一丈二尺

高（大約）　一八

樹齢（大約）　三〇〇

此老木は佐久間信盛が羽城主時代より在りと云ひ又その前の蔵人浄磐居城時代より在りとも云ふ

とある。

市場　いちば

各所に市場の地名が残つてゐた。村絵図に見える。

元市場　もといちば　『愛知郡村邑全図　山崎村』の黄龍寺、地蔵の北方に「元市場」とある。字大藪の辺である。

丹下市場　たんげいちば　同図に「丹下市場」とある。字丹下。「丹下」は鳴海にもあり、低い岡を云ふ。

申市場　さるいちば　同図に「猿市バ」とあり、『尾張徇行記附図山崎村』に「申市場」とある。申（さる）の日に開いたので名があるのであらう。その絵図に拠ると字山寺の辺であるが、『愛知郡村邑全図　山崎村』、『天保十二年山崎村絵図』に拠ると、字丹下の南に描く。三ヶ所共に呼続三丁目。

杁　いり

「杁」は樋と同意で、用水を取入れたり、悪水を落したりする水門。幕府は「圦」（いり）の字を用ゐたが、尾張国では「杁」を用ゐた。石造は稀であり、殆どが木造であるから杁が適当である。

『東海道宿村大概帳』に長六間の杁と長三間の杁とがあり、『東海道分間延絵図』に拠ると、誓願寺の北の東海道西側と、法泉寺へ入る道の向ひ側とに「圦樋」とある。前者は呼続三丁目で、後者は呼続二丁目であらう。

永勝寺　えいしようじ　寺崎町二

真宗大谷派願生山。本尊阿弥陀如来。『愛知県歴史全集・寺院篇』に拠ると、明治十年相模国戸塚村永勝寺の称信が京都、近江国に滞在の後、瑞穂村井戸田に永勝寺支坊を建立した。二世信順は昭和十年呼続町字山寺の現在地に堂宇を建立した。昭和二十年五月B二十九の空襲により本堂が焼失し、昭和四十七年に再建した。

江崎屋敷　えさきやしき　岩戸町四丁目

『尾張徇行記』に江崎与右衛門家は慶長四年（一五九九）に今の橋町に引越した。それまでは喚続の浜街道筋（今の西町）に住んでゐた。その宅地跡は圃（畑）となり、字を江崎屋敷と唱へるとある。

大磯神社　おほいそじんじや　岩戸町三丁目二一四

昭和十三年創立。天照大神を祭神とする。境内末社に秋葉社と津島社とがある。

大磯通　おほいそどほり

呼続橋より南の通である。加納誠『南区の歴史ロマンをたずねて』に、明治四十二年に呼続―千種間に開かれた郡道の一部で、大正十一年以降の耕地整理により拡幅されたとある。

海蔵寺　かいざうじ　寺崎町

『尾張徇行記附図』、『愛知郡村邑全図　山崎村』、『天保十二年山崎村絵図』に「字海蔵寺畑」とあり、明治以後の字名にもある。廃寺となり字名に残つたもの。

郷蔵　がうくら　呼続三丁目

江戸時代の農村で、年貢米の保管と、凶作年の備荒の為とに設けた蔵。『地方品目解』に、

郷蔵　是は、村方にて蔵を建置、村中之年貢米を庄屋に取集納置、夫より名古屋御蔵に運送仕候

とある。年貢米用の郷蔵の設置は古く、江戸幕府が寛文六年（一六六六）に出した『御勘定所下知状』に見える。年貢納入の時期になると、船廻しで名古屋の堀川東岸にあつた尾張藩の蔵屋敷三つ蔵に運んだ。

貯穀・救恤の為の御蔵は江戸時代中期以降に併設された。『東海道分間延絵図』に湯浴地蔵の北に「郷蔵」とあり、『天保十二年山崎村絵図』に地蔵院の北に隣接して、「郷蔵幷地蔵堂」とある。

高札場　かうさつば　呼続三丁目

法令を制札に書き、人目に付き易い東海道の道端に立てた。高札の立つ場を高札場と云ふ。『東海道分間延絵図』に拠ると、湯浴地蔵の北に郷蔵と高札とが併記してあり、東海道の東の道端にあつた。『寛文村々覚書』に、「一　吉利支丹御制札有」とある。第三部　高札　参照。

鎌倉海道　かまくらかいだう　古東海道参照。

熊野三社　くまのさんしや　呼続二丁目六―三三

山崎村の氏神である。江戸時代には、

熊野祠　『張州府志』
熊野権現社　『尾張名所図会』
熊野神社三区　『尾張徇行記』

とも云ふ。熊野三社とは本社に伊弉諾尊、伊弉冉尊を祠り、脇宮に速玉之男神と事解之男神とを祠つたところから云ふ。『尾張志』には以上四神を挙げるが、『尾張国愛知郡千竈村誌』以降の書は伊弉諾尊を欠く。

熊野三社

永禄年間（一五五八―七〇）に山崎城内に創建し、寛永四年（一六二七）に現在地に遷座したと云ふ。

『南区神社名鑑』に境内社

の稲荷社を昭和十二年創建とする。『尾張志』に見え江戸時代が正しい。他に境内末社として嵯峨野社、八幡社、八王子社、浅間社、津島社がある。津島社以外は別の鎮座地から遷座して合祠した。

愛知県内の熊野社は百一社ある。名古屋市内には割に少なく五社ある。

境内の手洗石が名高い。

表　松巨嶋

裏　明和三丙戌五月吉辰

　　願主　三宅徳左衛門　年定

松巨嶋

元は嵯峨野社の手洗石として用ゐられてゐて、明治時代の嵯峨野社の合祠移転に際して本社に移した。嵯峨野社は山崎家の氏神であり、三宅は山崎の旧姓であらう。熊野三社全般について今葷倍東一『熊野三社考』が詳しい。第三部　松炬嶋　参照。

熊野社道　くまののやしろみち　呼続二丁目

『尾張徇行記』に平針道から熊野社道迄を坂町と云ふとある。熊野三社の南の道。野並道。

観音堂　くわんおんだう　呼続二丁目二一―三一

東海道から安泰寺に行く道の途中にあり、小さな堂内に石造の観音を祀る。元禄十六年（一七〇三）に行路の途次行倒れた人の慰霊の為建立したと伝へられる。

観音堂　くわんおんだう　呼続二丁目六

熊野三社の南側に野並道があり、道の北沿に堂がある。観音像を中尊とし、脇侍に弘法大師とぼけ地蔵とが控へる。幟に「南無大師遍照」、「南無弘法大師」とあり、弘法信仰が根強い。

古東海道　ことうかいだう

岩戸町の白豪寺の北より東南へ延び名鉄電車の線路を越えて寺崎町迄約六百米余が鎌倉海道と云はれてゐる。東海道より西は西町で、東は東町である。鎌倉海道とは鎌倉幕府が開設されてより、各地から鎌倉に向ふ道を呼んだ。従つて平安時代以前の道は鎌倉海道と呼ぶ事は出来ない訳で、江戸時代の東海道より前の東海道は、古東海道又は東海道古道と呼ぶのが妥当である。

鎌倉海道　白豪寺前

この道筋は『東海道分間延絵図』には「野道」とあるのみだが、『尾張徇行記附図』以下の村絵図には東海道と交叉する道として明示され、主要道であつた。

嵯峨社　さがのやしろ　菊住二丁目

村の東端字嵯峨野四十九番地に鎮座してゐた。明治政府の合祀命令により熊野三社境内に遷座した。伊佐奈美尊を祀る。合祀は明治十二年より後である。

『寛文村々覚書』に「社四ヶ所」とあるのは、八幡、八王子、浅間と嵯峨社とを指すのであらう。元禄十六年（一七〇三）以降成立の蓬左文庫蔵『桶峡間圖』に「嵯峩の森」とある他、『尾張徇行記附図』、『愛知郡村邑全図　山崎村』に「嵯峨社」とあり、『天保十二年山崎村絵図』に「嵯峨野社」とある。今「嵯峨野社」と書く。「野」は野原の意ではなく助詞「の」を漢字表記したもの。本来の漢字表記なら「之」である。

坂町　さかまち　呼続二丁目

『尾張徇行記』に、

又ソレ（平針道）ヨリ熊野社道マテヲ坂町ト云

とあり、東海道の町の名。坂の名を長坂と云ふ。

鷺ヶ森　さぎがもり　汐田町

『尾張旧廻記』に左記がある。

〇鷺ヶ森　白豪寺の西の方畑中ニ有　小キ塚のやうなるもの也　由縁詳ならす

蓬左文庫蔵『桶峡間圖』に、

鷺ヶ森ト云　山崎村海道ヨリ三町余西

とある。この二書以外に文献が見当らない。

拙著『桶廻間合戦研究』（中日出版社）一二二頁に、

出典　『新編桶峡合戦記』

又桶峡戦場ヨリ大脇村へ行ク道ニ、今石塚トイフアリ、モト是ヲ鷺ガ森トイフヨシ、則チ熱田大明神ノ白鷺ト成リ、爰ニ留リ玉ヒシ所也ト、里人申伝ヘリ

を引用した。大脇村（豊明市栄町）関係の書では鷺ヶ森の後世の名の石塚につき、今川義元の本陣とか墓所とかであると云々してゐるが、それなら山崎村の鷺ヶ森も今

川義元の本陣か墓所かと云ふ事になり、荒唐無稽が甚だしい。『信長記』に、

按スルニ、某(ソレカシ)無二(ムニ)ノ志(コヽロサシ)ヲ熱田(アツタ)大明神モ憐(アハレ)ミ給ヒケルニヤ。彼地(カノ)ヨリ白鷺(シラサキ)二ツ我旗(ワカハタ)先キニ飛翔(トヒカケ)リシ也、今度信長卿御旗頭(ハタカシラ)ニ白鷺(シラサキ)二ツ飛(トヒ)ツレテナツサヒ戯(タハム)ル、カ如クニシテ、

と白鷺の記事が見える。

この記事は勿論歴史事実ではなく、俗伝を記した無価値なものであり、信ずべきでない。大脇村には「鷺之森」の塚まであるものの、山崎村、大脇村共に根拠の無い伝承である。

桟敷山　さじきやま　岩戸町三丁目六

『張州府志』に、

在二山崎村白豪寺界内一　　山崎村白豪寺界内ニ在リ

とある。『尾張名所図会』に、

是むかし右大将頼朝公上洛の時、休息ありし地なる故名づくといふ。又佐久間信盛の砦の跡も此境内にあり。

とある。白豪寺の西の字桟敷は明治以降にも用ゐられた。

塩浜　しほはま

『寛文村々覚書』に「一　塩浜弐町四反歩」、「一　塩屋壱軒」とある。『尾張徇行記』に「後年ニ至リ塩浜当村ニハナクナレリ」とあり、宝永四年（一七〇七）には全く無くなつてゐた。

白山社　しらやまのやしろ　呼続二丁目一—二一

『東海道分間延絵図』の法泉寺境内に「白山社」と記し、法泉寺の鎮守であつた。加賀国の白山比咩(しらやまひめ)神社を勧請したもの。白山社の分社は尾張国では、神明社、八幡宮に次いで多く、約九十社ある。名古屋市内には二十五社ある。

新堀割　しんほりわり　平子一丁目

享保十二年（一七二七）天白川を瀬違し、山崎川に合流した。その流路を云つた。天白川の水が山崎川に加り十四年間に十七回決壊したので、元文六年（一七四一）元に戻した。流路の跡を古川跡と云つた。『尾張徇行記』には享保十三年瀬違とあるが、『尾藩世紀』他の書に従ひ、十二年とする。

新町　しんまち　呼続二丁目　三丁目

『尾張徇行記』に、

又ソレヘ熊野社道ヨリ湯アヒノ地蔵堂マテヲ新町ト
云
とある。

水車　すいしや　駈上一丁目

『尾張徇行記附図』、『愛知郡村邑全図　山崎村』、『天保十二年山崎村絵図』に山崎川南岸の「水車」の記入がある。小麦の製粉をした。水車用の用水を取入れるため水車杁（いり）があつた。

誓光寺　せいくわうじ　汐田町二五

真宗大谷派。本尊阿弥陀如来。

『全国寺院名鑑』に、

住職桑原憲章のとき、尾張国海部郡立田村福原の誓光寺を女婿に譲り、名古屋に一字を建立。現在寺号称し、今日に至る。

とある。

誓願寺　せいぐわんじ　呼続三丁目一五―二五

西山浄土宗正覚山。本尊阿弥陀如来。『名古屋市南区郷土史』及び『名所史跡ガイドブック』に弘治三年建立とあるが拠る所を知らない。『尾張志』、『寺院明細帳』に弘治二年（一五五六）とあるのに従ふべきである。

『尾張志』に僧昌珍創建とある。

昭和二十七年『名古屋南部史』の大正二年現在の名木と古木として、誓願寺本堂西の山茶花を挙げ、

地上五尺の周囲　五尺二寸
高（大約）　四
樹齢（大約）　二九〇
大坂落城後当寺に福原左衛門太夫公久しく滞在し、
その砌記念として植置きたるものなりと云ふ

とある。

浅間社　せんげんしや　呼続二丁目

東海道の南側に高さ五間程の山があり、浅間社があつたが、熊野三社に合祠し、山もなくなつた。『張州府志』に「富士祠」とある。浅間を祀る山を浅間山と云つたが、『天保十二年山崎村絵図』には「浅間山社」とある。『尾張徇行記』に「森ノ内三百二十六坪」とある。明治以降の字名は浅間。境内に仙人塚があつた。

仙人塚　せんにんつか　呼続二丁目

仙人塚の文献の嚆矢（かうし）は万治三年（一六六〇）に原稿が完成し万治四年に出版した『東海道名所記』である。

山崎ばし、なご屋の城、右にミゆ、道の程三里余り也。右の方に、仙人塚あり。むかし、もろこしの仙人、杳(うきぎ)にのりて、鳴海の浦にあがり、此所にとゞまりて、日をくり、後に大龍となりて、天にのぼりぬ。大龍の宮、これなり。そのすみける所を、仙人塚といふと、馬子(まご)が申侍り。

とある。『東海道名所記』は江戸から京に上る構成であるから、東海道の北側に仙人塚があつたとする。『諸国案内旅雀』も東海道の北とする。後の書には皆東海道の南の浅間とするので、移転したのであらう。大龍の宮は天龍の宮とする書が多く、私見では本地村の星の宮神社であらう。

仙人塚は日本の各地にあり、近くでは桜村と鳴海村と知多郡東阿野村とにあり、東阿野村のは現存する。これを戦人塚とするのは後代の捏造である。

拙著『桶廻間合戦研究』(中日出版社)「第十六章　仙人塚　戦人塚」参照。

陀枳尼天　だきにてん　呼続元町一六―一二一

『東海道分間延絵図』に「陀枳尼天」とある。本来は印度密教の神である。日本では稲荷神の神体として信仰された。『尾張志』の安泰寺の条に「境内に陀枳尼天(ダキニテン)の社あり」とある。

立切　たてきり　呼続元町

『天保十二年山崎村絵図』の山崎川中に「立切」とある。『地方品目解』に、

立切(タテ)　是は、用水を懸候とて川中に柱を建、戸を附け水をせき留め候を申候。

とある。加納誠『南区の歴史ロマンをたずねて』に山大の早川寛氏の話がある。

戦前、山崎川の中に杭が川の真ん中に何個か打ち込んでありました。そこには切り込みがあつてそこに板をはめ込んで水をせき止め、水をためて、その場所で泳いでいました。戦争が激しくなるまでは子どもの遊び場でした。板をはめ込んで板の上を歩いて渡ることができました。

重左衛門屋敷　ぢうざゑもんやしき　菊住二丁目

『尾張志』に「名古(ナゴ)といふ所の民家の東方にあり」とするが、『天保十二年山崎村絵図』には字名子の南方、熊野三社の東方に「字重左衛門屋敷　畑」とある。佐久間信盛の家臣であり、家老級の人物であらう。

地蔵　ぢざう　呼続元町一〇

山崎川南岸堤防の障壁の上に小さな覆があり、中に石地蔵が鎮座する。加納誠『南区の歴史ロマンをたずねて』

　堤防上の地蔵

　かつてもう少し東の位置の大きな木があり、その木のふもとにありました。耕地整理で地蔵様の行く場所がなくなり、鉄工場をやっているおばあさんがこの位置に祀ったそうです。

地蔵堂　ぢざうだう　岩戸町

『東海道分間延絵図』に白豪寺の南に「地蔵堂」とある。他に記録が見当らない。

地蔵堂　ぢざうだう　呼続三丁目一一

『天保十二年山崎村絵図』に拠ると地蔵院の北側に

　郷蔵幷地蔵堂　六畝七歩御年貢地

とある。ここは年貢地であり、『寛文村々覚書』の「一地蔵堂一宇地内七畝六歩　前々除」と整合しない。

地蔵院　ぢざうゐん　呼続三丁目一一―二七

真言宗醍醐派海底山。本尊湯浴地蔵菩薩。『尾張名所図会』に、

　元久二年乙丑五月、同郡北井戸田村の海中より出現し給ふを戸部村に移し、又慶長年中今の地に移す。

とある鉄地蔵が名高い。祈願の折に湯を掛けると霊応が著しいと湯浴地蔵の名がある。『寺院明細帳』には「北井戸田村地内地蔵ヶ池ヨリ出現シ」とあり、異伝がある。尾張国の鉄地蔵十体の中で、元久二年（一二〇五）の本地蔵は名古屋市で最古である。

地蔵院

湯浴地蔵

定井　ぢやうゐ　呼続元町

『天保十二年山崎村絵図』の山崎川中に、「定井」とあ

る。『地方品目解』に、

　是は、川通りに石をつみ並べ、杭木を打、せき留め、水かさを持せ用水をかけ候を申候。年中取払ひ不申、水をせき候付、定井と申候。

とある。

堤通り　つつみとほり　山崎川両岸

『東海道分間延絵図』の山崎川両岸堤防の山崎橋附近に「堤通り野道」とある。堤の上の道である。

天神　てんじん　呼続三―一一―一三

『東海道分間延絵図』に黄龍寺と天神とが並んで描かれ、黄龍寺の鎮守であつたが、蓬左文庫蔵『桶峡間圖』には天神のみを描き、黄龍寺が描いてゐないほど有名な天神であつた。今もあり、『愛知県歴史全集・寺院篇』に、

菅原道真の真筆画像につき、

　この天神様は日本の三真筆といわれ、京都北野天満宮・九州太宰府天満宮とならんで当山黄龍天満宮の参幅という貴重な神像（画像）である。

とある。

真筆画像は文禄元年（一五九二）後陽成天皇の皇后より下賜され、熱田の誓願寺に預けた。慶長十三年（一六〇八）画像を誓願寺より移し、元禄六年（一六九三）に天神堂を建立した。

天白川付替　てんぱ（は）くかはつけかへ　平子

水害の多発の為、享保十二年（一七二七）天白川の流を変へ山崎川に落した。しかし十四年に十七回山崎川が決壊した為、元文六年（一七四一）元に戻した。古河跡の地名が残つた。

東海道　とうかいだう　呼続一丁目　二丁目　三丁目

『尾張徇行記』に拠ると町の名は左の通り。

橋町　山崎橋より平針道まで
坂町　平針道より熊野社道まで
新町　熊野社道より湯浴地蔵まで
南町　湯浴地蔵より戸部村境まで

明治初年以降の字名では、橋より、

北側　背戸田　羽城　熊野　鳥居前　殿町　大藪　丹下
南側　深之内　浅間　呼続　浜海道　汐見

文化十年（一八一三）以降に成稿の『岡山ゟ江戸道中記』に「此橋（山崎橋）より戸部迄家ツヽキ」とある。高力猿猴庵『笠寺出現宝塔絵詞伝』に山崎橋の通行人を描く。『東海道宿村大概帳』に、

此村往還通長八町四拾五間不」残家居なり

長坂　ながさか　呼続二丁目

東海道　長坂

尾張国の東海道には他に無い長い坂と云ふことで名が付いた。明治時代以後、急坂が地均（なら）しされて緩やかになつた。「山崎の長坂」の標柱が立つ。尾張国東海道の第一の坂が長坂であり、第二の坂は鳴海町字大将ケ根と字境松との間の清水坂、第三は豊明市阿野の阿野坂と云へる。

中井筋　なかゐすぢ　大堀町　鶴田町

『尾張徇行記』に、

一用水ハ中井筋カヽリ也、此井筋ハ上ノ八事山ヨリ涌出ス、旱（ヒデ）リニモ此水涸ルヽ事ナキ由、井組ハ八事村中根村山崎村新屋敷村桜村笠寺村本地村水袋新田ナリ

とある。今では殆どが暗渠になつてゐる。

名子　なご　菊住二丁目　寺崎町

山崎村の枝村（支邑、支村、枝郷）『愛知郡村邑全図　山崎村』に、寛政元年（一七八九）に人家が出来たとあるものの、『尾張徇行記』には本郷の元屋敷とある。江戸時代に「名子」と書いたが、明治初年以降の字名は「名古」

並木　なみき

並木の淵源は遥か古くに遡る。『水鏡』（榊原邦彦編『水鏡本文及び総索引』　笠間書院）の第四十八代淳仁天皇の御代、天平宝字三年（七五九）に、畿内七道の道のほとりに果物の木を植ゑ、国々の民が樹蔭に憩ひ、実を取つて食べる事が出来るやうにした善政の話が記されてゐる。

『東海道宿村大概帳』に拠ると、山崎村内の東海道の道幅は三間より四間までで、往還の四百拾九間を村で普請するとある。

西町　にしまち　呼続三丁目

『尾張徇行記』に、

湯アヒ地蔵堂ノ横小路ヲ西町東町ト云

とあり、鎌倉海道の東海道より西を指した。

野並堀割悪水落　のなみほりわりあくすいおち　平子一丁目　二丁目　大堀町

『天保十二年山崎村絵図』に見える。多く暗渠となり、一部は現存する。悪水とは汚水を示ふ。

橋町　はしまち　呼続一丁目

山崎橋より平針道までの東海道沿を云つた。

八王子社　はちわうじのやしろ　新郊通二丁目、菊住町二丁目辺か。

『張州府志』に「八王子祠」とあり、『尾張徇行記』に寛文三年（一六六三）再建で、境内四畝二十五歩除地（のけち）とある。山崎村の東端で新屋敷村に接してゐた。明治以降新屋敷村西端に字八王子があつた。

八王子社は村絵図には見えるけれど、他村にまで知られてはゐないと思はれがちだが、「奈留美」（緑区鳴海町字作町六六　鳴海土風会）第五号所載の「松巨嶋古図」に「八王子」として記入されてゐる。

八王子とは両部神道の思想に由来し、『古事記』『日本書紀』に見える天照大神と須佐之男命との宇気比になりませる五男三女神に八王子を配したもの。

浜手の道　浜道　はまでのみち　はまみち

幾筋かあつた古東海道の道筋の中で、江戸時代の東海道より波打際に近い所にあつた道。今は僅かに残るに過ぎない。「はま道」は文明十一年（一四七九）の『笠覆寺文書』に見え、古くから云つた。

『信長公記』に信長の熱田から鳴海への進撃路につき、浜手の道は潮が満ちて通れず、かみ道（上野の道）を進んだとある。それにも拘らず山崎村を通つたとする書があるが誤である。伊勢湾台風が往時の満潮の有様を再現した。山崎村を含む星崎七ヶ村は満潮時に通れない。拙著『桶廻間合戦研究』（中日出版社）第十一章参照。

『伊勢湾台風災害誌』「湛水日数図」　地名は筆者が加へた。

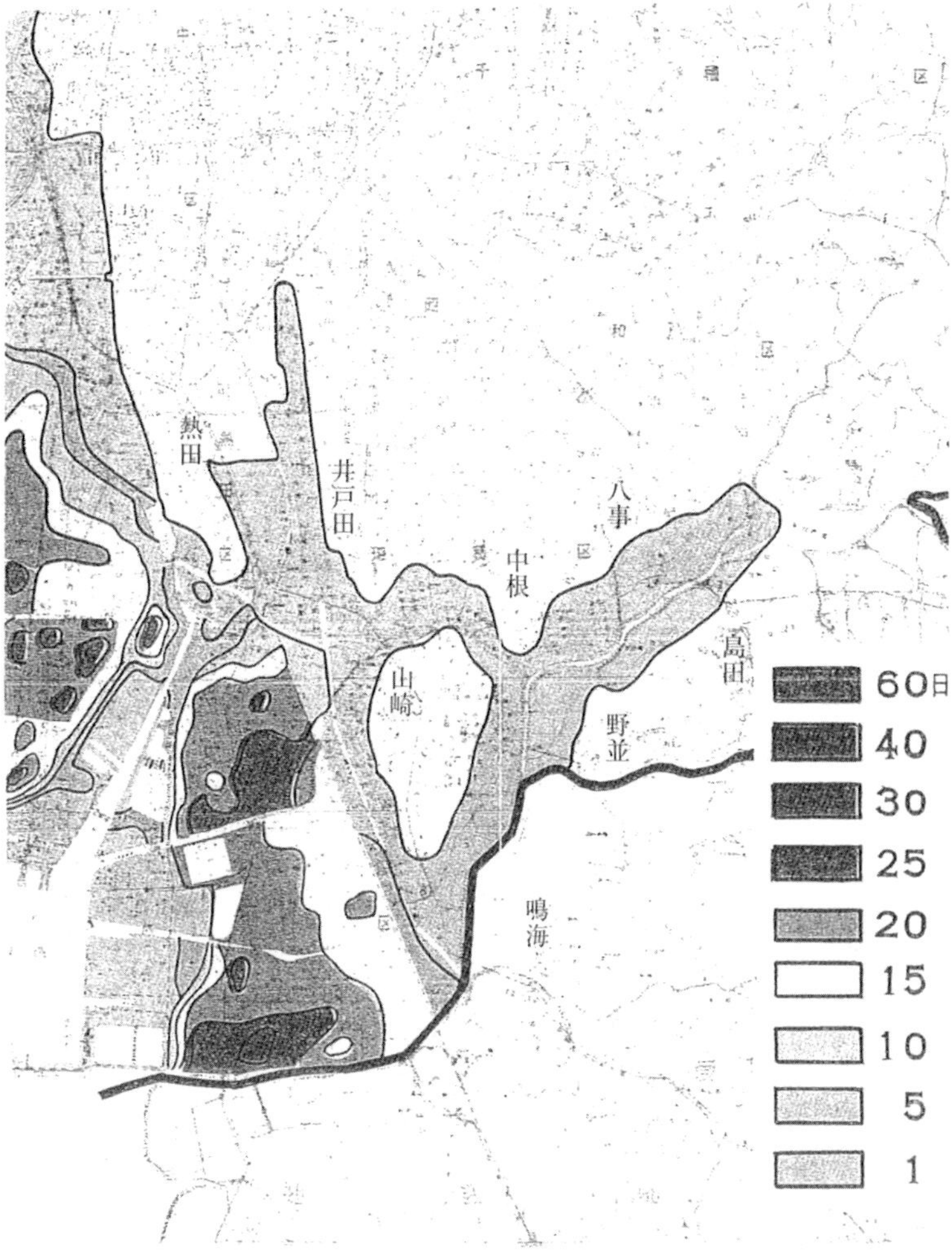

古東海道

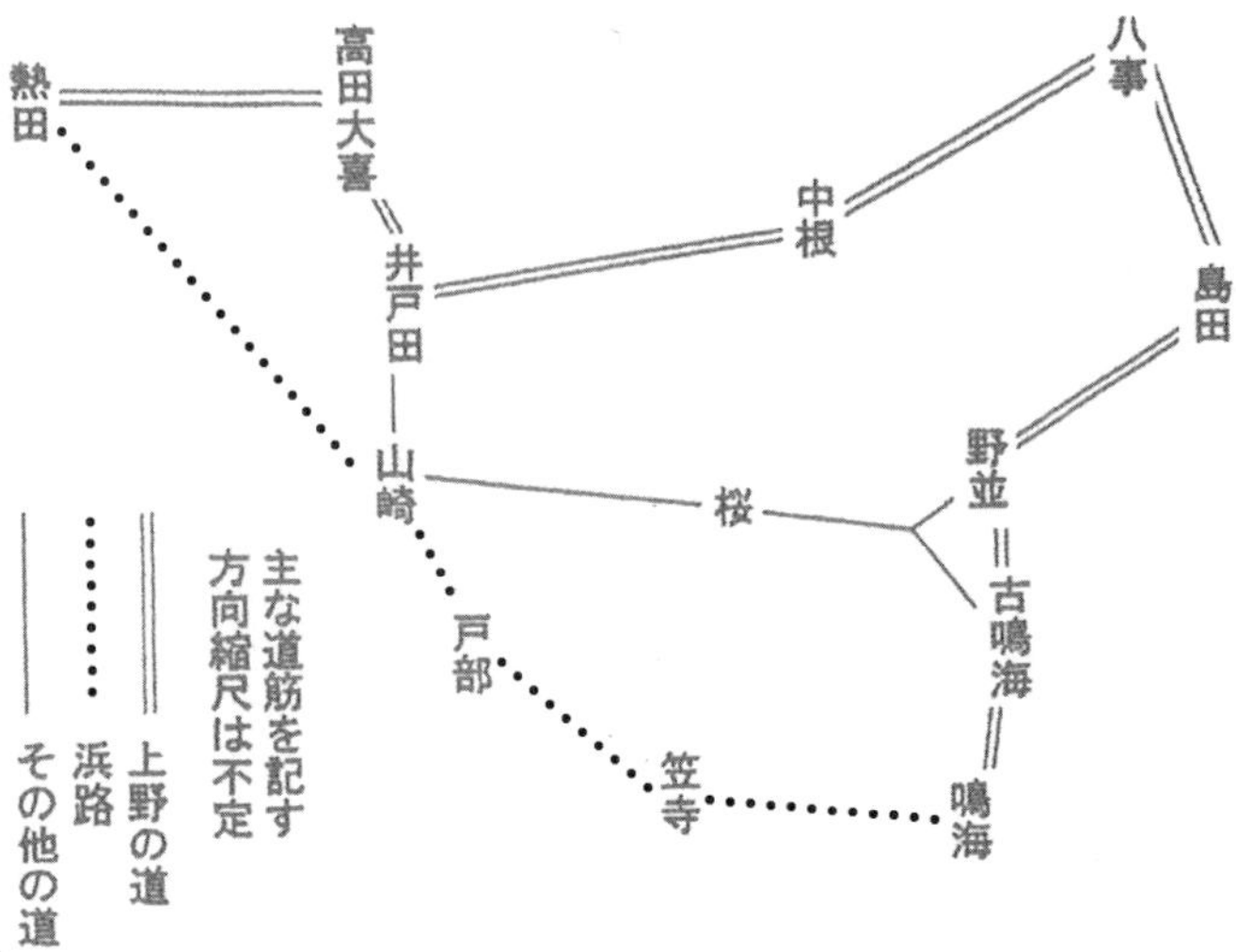

東町　ひがしまち　呼続三丁目

鎌倉海道の東海道より東を指した。『尾張徇行記』に見える。

白豪寺　びやくがうじ　岩戸町七―一九

曹洞宗眉間山。本尊阿弥陀如来。『寺院明細帳』に、創立元亀二年（一五七二）とある。

境内に大正九年に立てた年魚市潟勝景碑がある。

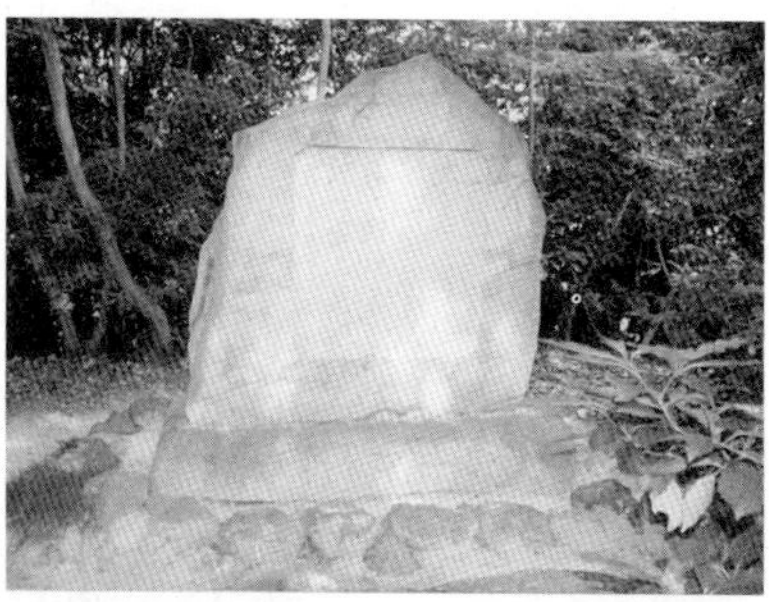

白豪寺　万葉集歌碑

白豪寺　芭蕉塚

芭蕉の「はる風や戸部山崎の屋根の苔」の句を刻んだ塚が立つ。この句は『校本芭蕉全集』（角川書店）に収めてゐない。文献に記載を見ないが、例へば『おくのほそ道』に福井での句は一句も収められてゐない。しかし『荊口句帳』に「芭蕉翁月一夜十五句」が収録されてゐる。この中三分の一は他の句集類に収録されてゐない。これを参考にすると「はる風や」の句は塚以外に文献が無いだけで、芭蕉の句かも知れない。

白狐稲荷大明神　びやくこいなりだいみやうじん　菊住町二丁目八—二五

昭和十年代に伏見稲荷から勧請したと伝へられる。

平針道　ひらばりみち

『尾張徇行記』に左記がある。

橋町ヨリ東ヘユク道ヲ平針道ト云、是ハ中根八事島田ノ三村ヲ経歴シテ平針村ヘ出

橋町は山崎橋より平針道までを云ふ。

船着場　ふなつきば　菊住一丁目一

山崎川の船着場があつた。加納誠『南区の歴史ロマンをたずねて』の「師長橋上流の青峯観音」の条に、

師長橋があります。その上流堤防脇に青峯観音が祀られています。ここは昭和初期まで船着場で、大きなイチョウの木があったといいます。

とある。

古川跡　ふるかはあと　平子一丁目

『尾張徇行記附図』及び『愛知郡村邑全図　山崎村』に「天白川瀬違字古川跡」とある。享保十二年（一七二七）天白川を瀬違し、山崎川に合流した。『地方品目解』に、

瀬違　是は、有来候川通りの水を新規之堀削いたし川筋をこしらへ、新川へ水を通し候を申候。

とある。

法泉寺　ほふせんじ　呼続二—一—二一

曹洞宗龍雲山。本尊薬師如来。『尾張志』に文禄元年（一五九二）創建とあり、『寺院明細帳』、『尾張国愛知郡千竈村誌』に文禄三年創建とある。

法泉寺

松　まつ

『松巨嶋古図』（「奈留美」

第五号　鳴海土風会）の山崎村南部に、

　松　三丈四尺余

とある。山崎村の大松と云へば、白豪寺に大松があり、昭和三十五年に落雷で倒れた。この松は江戸時代に、

　物見の松　『尾張徇行記』
　腰掛松　　『尾張旧廻記』

の名があり、近代には旗掛の松、鎧掛の松とも呼んだ。古図に白豪寺の記入は無く確証を欠くが、白豪寺の松か。

松風里　まつかぜのさと　呼続二丁目

　尾張国の歌枕。『愛知郡山崎村往還通小道図面』に拠ると、熊野三社より南へ延びる道の東側に「此辺松風里」とあり、『東海道分間延絵図』、『天保十二年山崎村絵図』は浅間山の西方に記す。

　松風里の和歌は拙著『東尾張歌枕集成』（なるみ叢書第二十六冊　鳴海土風会）に二十九首を収めた。その中で『夫木和歌抄』読人不知の

　松かぜのさとにむれゐるまなづるは
　　ちとせかさぬる心ちこそすれ

が最も名高い。

　松風里は古来星崎四ヶ村の一つ本地村の西の浜にあった。塩浜や新田の造成により名所であったと云ふ記憶が薄れた後に、他の地に比定されるに到ったもので、山崎村は古来の松風里ではない。

　松風の里の考証は拙著『枕草子及び平安作品研究』（和泉書院）「松風の里」参照。

南町　みなみまち　呼続三丁目

　『尾張徇行記』に左記がある。

　又ソレ（湯浴地蔵）ヨリ戸部村界マテヲ南町ト云

元町　もとまち　呼続三丁目

　『蓬州旧勝録』に、

　元町　白豪寺へ入ル広路云　昔の街道也

西町の古称。鎌倉海道の西部。

木綿晒屋　もめん（きわた）さらしや　呼続一丁目

『尾張徇行記』に橋町の利平が井戸を掘り木綿を晒したところ、水が良く繁昌したとある。

師長小橋　もろながこはし　呼続元町

　「昭和五十二年二月竣工」とある。

師長橋　もろながはし　呼続元町

松田史世『山崎川と塩付街道』に、

橋長　三四・九米　架橋年月　昭和四十五年三月

とある。

薬師通　やくしどほり

江戸時よりある字名の薬師に因む。

彌左衛門屋敷　やざゑもんやしき　呼続元町一七

安泰寺山門左側の低地。佐久間信盛の家老永田彌左衛門の屋敷跡。『蓬州旧勝録』に、

東武（江戸）へ下りて神君ニ奉仕、居跡の処を今永田町と云、永田馬場とも云

とある。

八幡　やはた　菊住一丁目

『尾張徇行記』に元禄午年再建とある。午年は三年（一六九〇）と十五年とである。

『東海道分間延絵図』　八幡
『尾張徇行記附図』、『愛知郡村邑全図　山崎村』　八幡宮
『天保十二年山崎村絵図』、『松巨嶌古図』　八幡社

とある。

「八幡」は八旒（りう）の幡（はた）が語源であるとの説があり、『日本霊異記（りやうい）』に「矢羽田神」とある通り、訓読の「やはた」が本来で、「ハチマム」の音読は『伊呂波字類抄』など平安末期に初めて現れた。「八幡」は「やはた」であり、「八幡宮」は「やはたのみや」、「八幡社」は「やはたのやしろ」が正当である。『明治十五年愛知県郡町村字名調』では「ハチマン」が多いけれど「やはた」もかなりある。

明治時代の神社整理で八幡社、八王子社、浅間社は熊野三社に合祀した。三社は明治十二年の『尾張国愛知郡千竈村誌』に末社とあり、それまでに合祀した。

山崎川　やまざきかは

高力猿猴庵『笠寺出現宝塔絵詞伝』に山崎川を描く。

千種区の猫ヶ洞池等を水源とし、『愛知郡誌』に「長凡（およそ）二里十八町廿五間」とある。『張州府志』に石川、河名川とし、上流は石川、中流は河名川（川名川）、下流が山崎川である。

山崎城　やまざきじやう　呼続元町一六―一二

『尾張名所図会』に、初め蔵人浄盤の居城であり、後佐久間信盛が入城したとある。彊域（きやういき）は『寛文村々覚書』に「東西三拾間。南北四拾三間」とある。廃城後に安泰寺の境内地となつた。

山崎城

山崎砦

山崎徳左衛門居屋敷　やまざきとくざゑもんゐやしき　呼続一丁目

『天保十二年山崎村絵図』に東海道の南側に見える。文政五年（一八二二）に生れ、第二大区長、愛知郡長等を歴任した。

山崎砦　やまざきとりで　岩戸町七―一九

白豪寺の境内地にあり、『張州府志』に佐久間信盛が之を築いたとある。

山崎橋　やまざきはし

『尾張国愛知郡誌』に寛文七年（一六六七）設置とある。同じ東海道の主な橋である天白橋は寛永九年（一六三二）である。慶長六年（一六〇一）に東海道駅伝馬の制が定められても、架橋されるまで旅人は仮橋があれば渡れるが、無ければ渡渉せざるを得なかった。

橋長は変遷があり、左の通り。

廿間	『東海道巡覧記』	延享三年（一七四六）
拾五間	『地方古義』	安永年間（一七七二―八一）
拾二間	『尾張徇行記』	文政五年（一八二二）
拾二間	『尾張旧廻記』	天保八年（一八三七）
拾三間	『宿村大概帳』	天保十四年（一八四三）
拾三間	『千竈村誌』	明治十二年

今の橋は昭和三十九年竣功である。明治二十一年の橋柱は、吾妻屋製菓、橋長商店、瑞穂区井戸田町四丁目の最経寺、瑞穂区河岸町四丁目の川岸どんぐり広場にある。高力猿猴庵『笠寺出現宝塔絵詞伝』に、山崎橋を描く。

山崎橋橋柱

山寺　やまでら　寺崎町

山崎村の枝村。明治以降も字山寺。

山寺池　やまでらいけ　寺崎町

『尾張志』に「山寺池」とある。明治初年以降は字山寺の南の字淀輪三番地にあつた。

夜寒里　よさむのさと　大堀町

尾張国の歌枕。『尾張徇行記附図』、『天保十二年山崎村絵図』、『松巨嶌古図』の山崎村東端に「夜寒里」を描く。

夜寒里は古来星崎四ヶ村の一つ本地村の西の浜にあった。松風里の南である。塩浜や新田の造成により名所であつたと云ふ記憶が薄れた後に、他の地に比定されるに到つたもので、山崎村は古来の夜寒里ではない。

夜寒の里の和歌は拙著『東尾張歌枕集成』(なるみ叢書第二十六冊　鳴海土風会)に収めた。又夜寒の里の考証は拙著『枕草子及び尾張国歌枕研究』(和泉書院)「夜寒里」参照。

呼続今渡　よびつぎいまわたし　山崎川

『尾張国愛知郡千竈村誌』に、

村ノ北方ニシテ　中央ヨリ八町拾間五尺　山崎川ノ中流ニアリテ私渡ニ属ス

とある。

呼続駅　よびつぎえき　呼続元町一―一七

大正六年三月愛知電気鉄道が単線で開業し、神宮前、井戸田、南井戸田、呼続、桜、笠寺駅が開設された。五月には本星崎、鳴海、有松裏駅が開設された。昭和二十五年四月駅舎を新築した。

呼続大橋　よびつぎおほはし　汐田町

『名古屋南部史』に、

この橋は鉄筋コンクリート造、長さ二十米六、幅二十米、工費約十二萬八千圓、昭和十四年九月竣工、山崎川の橋として代表的である。

とあり、松田史世「山崎川と塩付街道」に、

橋長　五四・四米　　呼続大橋

架橋年月　昭和三十年三月

とある。現在の橋は昭和五十四年九月竣工。

呼続浦　呼続の浜　よびつぎのうら　よびつぎのはま　岩戸町

『愛知郡山崎村往還通小道図面』に、白豪寺の近くを「此辺呼続浦」とする。これは呼続浦を極めて狭く想定

したものであり、『尾張徇行記』にも、

即其（白豪寺）アタリヲ喚続ノ浦又ハ浜トモイヘリ

とするが、限定するのは誤である。

『鳴海旧記』（なるみ叢書　第三冊　鳴海土風会）に

一呼続浦　是は鳴海潟之惣名にて御座候

とあり、鳴海潟全体に云つた。潟、浦は鳴海潟、鳴海浦と多く云ひ、浜は呼続の浜とするのが普通である。南方の南野村に喚続（よびつぎ）神社、喚続浜がある。

呼続の浜は鳴海潟の浜を言ひ、厳阿の和歌からは熱田寄りの地と考へられて来たがそれは誤で、寧ろ種々の伝承は熱田から離れ、鳴海寄りの南区南部の地に多く残つてゐる。鳴海潟の浜全体について言つたものである。

呼続の浜については拙著『枕草子及び平安作品研究』（和泉書院）第十六章　尾張国の歌枕で考証した。

呼続の浜を詠んだ和歌は厳阿上人の

なるみがた夕波千鳥たちかへり

友よびつぎのはまに鳴くなり

が勅撰和歌集の『新後拾遺和歌集』に収められて名高い。他にも多くの和歌があり、拙著『東尾張歌枕集成』（なるみ叢書　第二十六冊　名古屋市緑区鳴海町字作町六六　鳴海土風会）に収めた。

呼続橋　よびつぎはし　呼続一丁目

昭和三十八年九月竣功。県道緑瑞穂線に架る。

龍玄寺　りうげんじ　呼続三―一―二三

応仁二年（一四六六）大雲山龍玄寺として創立された。慶長十三年（一六〇九）梅林山龍玄寺と改称し、宝暦八年（一七五八）梅林山黄龍寺と改称した。

黄龍寺　わうりうじ　呼続三―一―二三

曹洞宗梅林山。本尊白衣観世音菩薩。宝暦八年梅林山龍玄寺を梅林山黄龍寺と改めた。境内に御真筆天満宮がある。

居森社　ゐもりのやしろ　瑞穂区釜塚一丁目

新堀割の北で、当時は山崎村であり、今は瑞穂区になつた。『愛知郡村邑全図　山崎村』に「居森社」とあり、『天保十二年山崎村絵図』に「居守塚」とある。

居森社は津島神社の境内にあり、『日本の神々』十巻の説明を引く。

居森社　社伝によれば、須佐之男命が対馬より津島へ来臨のおり、最初に鎮座したところと伝え、居森社を上宮、柏宮（柏樹社）を下宮と呼んでいる。祭神は須佐之男命幸御魂（さきみたま）・疹神（はしか）・大日孁貴命（おおひるめむち）で、疹神を祀ることから疱瘡の守り神としての信仰を集めている。

近くには明治中期まで鳴海八幡宮にあった。拙著『鳴海八幡宮誌』（なるみ叢書　第二十三冊　鳴海土風会）参照。熱田の南新宮社の摂社としてあったのは、熱田神宮の末社曽志茂利（そしもり）社として鎮座する。

岡本屋敷　をかもとやしき　呼続元町

『蓬州旧勝録』に「岡本屋鋪」とあり、『尾張徇行記』に、山崎城の西の宅地は佐久間信盛の家老岡本十郎左衛門が住んだとある。『尾陽雑記』には「七（イ十）郎左衛門」とある。

二　新屋敷村　しんやしきむら

一　新屋敷村の概況　『尾張徇行記』に拠る

寛文年間　戸数　五十七戸　人口　二百九十五人
文政年間　戸数　七十七戸　人口　三百一人
元高　五百石
概高　六百四十一石九斗九升二合
田　二十町七畝十五歩
畑　二十八町三畝九歩
東西　二町四十七間　南北十一町十間
枝村　鳥栖

二　新屋敷村の史跡

秋葉神社　あきはじんじや　駈上一丁目六

迦具土神（かぐつちのかみ）の他に熱田大神を合祀してゐる。「建設之記」の碑に、従来敷地を転々としたが、皇紀二千六百年を記念してこの地に遷座したとある。鳥居や燈籠に「紀元二千六百年記念」とある。

境内で最も古い石造物は旗立で、大正十一年とある。創建は江戸時代後期であらう。

醫王寺　いわうじ　鳥栖一―六―二四

曹洞宗大雲山。本尊薬師如来。

『尾張志』に天正二年（一五七四）創建とある。『名古屋市南区郷土誌』は建久三年（一一九二）創建とする。これは慶長三年（一五九八）に二十世性海が記した記録に基づく。同書や『桜』（桜小学校）に境内は鳥栖城跡とするのは誤で、新屋敷西城の跡である。

医王寺

庚申堂　かうしんだう　鳥栖一丁目

『寛文村々覚書』に

一庚申堂　一宇　地内弐反七畝廿歩　前々除　村中　支配

とあり、古くからあつた。村絵図には塩付街道の少し西に描いてある。今は無い。

庚申の夜に三尸（さんし）（道教で人の腹中に居ると云ふ三匹の虫。庚申の夜に眠つてゐる人の身体から抜出し、その罪悪を天帝に告げると云ふ）の難を免れる為、仏教では青面金剛（しやうめんこんがう）を、神道では猿田彦を祀（まつ）る堂。

鶴松寺　かくしようじ　鳥栖二―一五―二二

曹洞宗銀露山。『寛文村々覚書』に、

寺内壱反七畝弐拾七歩　前々除

とある。安永三年（一七七四）芳樹山成道寺と改号した。

駈上町遺跡　かけあげちやういせき　駈上一丁目

南区には弥生時代後期の聚落遺跡が多く存在し、その中で最北に当る。環濠の一部と見られる溝が見付かり、弥生時代後期の土器が多く出土した。蛤を主体とする貝塚があつたと伝へられ、当時は鳴海潟の入江がここまで及んでゐた。

籠池　かごいけ　瑞穂区

『尾張志』に新屋敷村の池として籠池と新雨池とが見える。籠池は水が漏れ易い池に付いた名であらう。江戸時代の新屋敷村地は北井戸田村の東北端に接するまで北に伸びてゐて、籠池は村の北端にあつた。

笠寺道　かさでらみち

塩付街道の別名。『尾張徇行記』に見える。

釜塚　かまつか　平子一丁目

江戸時代から字名としてあり、明治以降も字釜塚があつた。今は瑞穂区に釜塚の町名がある。

楠　くすのき　鳥栖一丁目三―三二

塩付街道と宮崎通とが交叉する所にあり、高さは約二十米の大木である。江戸時代から生え、集合住宅と共存してゐるのは素晴しい。

古東海道　ことうかいだう

八剣社前の東西の道。野並道。

桜木塚　さくらきつか　駈上町二丁目

楠

『尾張徇行記附図』、『愛知郡村邑全図　新屋敷村』、『幕末村絵図』に「桜木ツカ」「桜木塚」とある。明治以降字桜木があつた。村絵図に木を描く。

古東海道　八剣社前

塩付街道　しほつけかいだう

『地方古義』に拠ると、慶長十三年（一六〇八）、山崎、戸部、笠寺、星崎（本地）、南野、荒井、牛毛の七ヶ村の塩浜は九十六町四反一畝十五歩であり、ここで生産された塩を信濃へ運ぶ道が塩付街道であつた。

新屋敷村の真中を南北に縦断し、鳥栖神明社の西側、鳥栖一丁目の楠の西側を通り、駈上町の秋葉神社前を通る。

成道寺　じやうだうじ　鳥栖二―一五―二二

曹洞宗芳樹山。本尊釈迦牟尼仏。

『愛知県歴史全集・寺院篇』に、

当寺ははじめ天台宗であったが、文明年中（一四六九～八七）曹洞宗に改宗された。

とあり、更に安永三年（一七七四）銀露山鶴松寺から芳樹山成道寺と改めたとある。

この地は鳥栖城跡である。

境内に城主成田公夫妻の墓碑である石仏二体がある。一体に「鳥住伝心浄本菴主」「永正十二年乙亥正月十二日」と刻まれてゐる。永正十二年は西暦一五一五年であり、令和三年の五百六年前である。近在の後裔の人々により立派に整備された。

成田石仏　昭和

石神　しやぐじ　駈上二丁目

『尾張徇行記附図』　字石神
『愛知郡村邑全図　新屋敷村』　字石神　石神
『幕末村絵図』　字石神廻間　石神
『松巨嶌古図』　石神

村絵図の石神には木が描いてある。『松巨嶌古図』は鳴海村で作製されたであらうが、鳴海にまで石神が知られてゐた事になる。明治以降字石神が使はれた。
「石神」は「しやぐじ」と読む事が多く、諏訪から中部地方全体に広がつた古代からの信仰である。縄文時代中期には既にあつた。発生が古いだけに時代が降ると廃絶した社が多く、ここも今は無い。読物「しやぐじ」参照。

新雨池　しんあまいけ　瑞穂区師長町

『尾張志』に「新両池」とあるのは「新雨池」が正しい。村の北方にあり大東亞戦争後に埋立てられた。

新郊通　しんかうどほり

東郊通の東方に市道名古屋環状線を新設した事から新郊通の名がある。昭和二年以降耕地整理事業により道路幅が拡大された。

新堀溝　しんほりみぞ

『尾張国愛知郡千竈村誌』に長八町三拾七間二尺、幅二間とある。山崎村の新堀割の条参照。

新屋敷西城　しんやしきにしじやう　鳥栖一―六―二四

『尾張志』に、
城墟に醫王寺又民家十四烟あり　此内善右衛門が居屋敷に古井一所あり　是は古城のなりといひ伝へたりとそ　東西九十六間南北八十五間ありて西の方に門の外といふ字も残れり　城主は山口新太郎なりと村民いへり
とあり、醫王寺一帯である。服部英雄「昭和三十年代濃尾平野と周辺の中世城館」（「比較社会文化」第十六巻）に井戸や周辺に残る林の写真が載つてゐる。

水車場跡　すいしやばあと　平子一丁目二―五〇

加納誠『南区の歴史ロマンをたずねて』
近藤好男氏の話では大正時代まで、水車で粉を碾（ひ）いていて、私の時代（昭和）になっては動力で粉を碾いていたそうです。かつては天白川の下を通って引いて来た水を使っていて、この前の場所で定井して水をためていました。

だにつみ　鳥栖二丁目

『尾張旧廻記』に、

俗ニだんのつめトモ云　此所ハ古街道の船是にて駄荷をつみ替へし所の由　是鎌倉街道ニて上野ゝ道是なり　夫より野並の里へ上りしといへり

とある。同書は桜村の内とするけれど新屋敷村であり、幕末の村絵図に「字駄積」とあり、明治以降も同じ。古東海道の一筋につき記す。野並へは桜村からの道筋の他に新屋敷村からも道筋があつた。但し上野の道とするのは誤で、上野の道は新屋敷村を通らない。

鳥栖　とりすみ　鳥栖一丁目、二丁目

『尾張徇行記』に、

支邑ヲ鳥栖ト云、本郷ト少シ隔東南ノ方ニアリ

とあり、『愛知郡村邑全図　新屋敷村』に「枝郷鳥栖」とある。

鳥栖城　とりすみじやう　鳥栖二―一五の辺一帯

『寛文村々覚書』に

一　同（古城跡）壱ヶ所　先年成田久左衛門居城之由　今ハ百姓屋敷

とあり、『尾張志』に「東西九十間　南北六十九間あり」とある。成道寺の辺一帯は大東亜戦争後まで空壕や土塁の址に木々が生ひ茂つてゐた由。

鳥栖神明社　とりすみしんめいしや　鳥栖一―一八

『寛文村々覚書』に前々除とあり、創立は室町時代より遡る。但し古墳の上に鎮座するので古墳時代より降る。『尾張徇行記』に「神明社松山九畝十歩」とある。鳥栖神明社は通称で、宗教法人名は神明社である。明和八年（一七七一）の社殿修覆の木札がある由。神明社は愛知県に最多の神社で、県内に六四二社、名古屋市内に八七社ある。

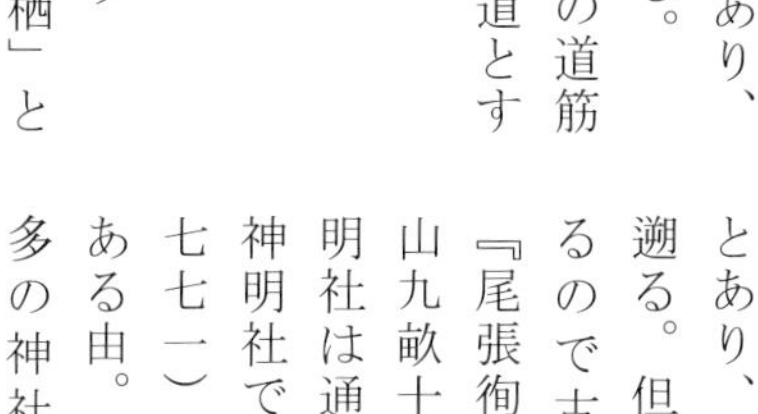

鳥栖神明社

鳥栖神明社古墳　とりすみしんめいしやこふん　鳥栖一―一八

大塚と呼ばれる円墳で、塩付街道の東側にある。名古

屋市内の多くの塚は都市化に連れて取除かれてしまった。南区内の本社を始め、八劔社、桜神明社と計らずも三つの古墳が神社の鎮座地となり、大切に保存されてゐる事には先人の智慧（ちえ）の賜物であり、深く頭を下げたい。

『南区の原始・古代遺跡』に拠ると、桜台高等学校生徒が実際に測量したところ、直径三〇～三一米、高さ三・五米であつた。

中井筋　なかゐすぢ

『尾張徇行記』に、

一用水ハ中井筋カヽリ也、此井筋ハ上ノ八事山ヨリ涌出ス、旱（ヒデ）リニモ此水涸ルヽ事ナキ由、井組ハ八事村中根村山崎村新屋敷村桜村笠寺村本地村水袋新田ナリ

とあり、『愛知郡村邑全図　新屋敷村』に「川幅九尺」とある。

野並道　のなみみち

山崎村から新屋敷村の村内を西から東へ抜け、野並村に到る道を野並道と呼んだ。鳥栖神明社、成道寺、八劔社の前を通る。古東海道の一筋。

野並村悪水落　のなみむらあくすいおち　平子一丁目　二丁目　大堀町

『幕末村絵図』に見える。多く暗渠となり、一部は現存する。『尾張国愛知郡千竈村誌』に「長拾壱町壱間二尺幅八間」とある。悪水は汚水を云ふ。

東浦通　ひがしうらどほり

村絵図に字東浦があり、明治以降も字名であつた。大東亜戦争前の耕地整理後に開通した。

平針道　ひらばりみち

山崎村法泉寺西の東海道に始り、東へ延びる。山崎川の南岸近くの道は新屋敷村から川の流が南北になるので、川から離れる。村絵図に「平針道」、「平針海道」とある。

富士塚　ふじつか　平子一丁目

江戸時代の村絵図に見えない。明治以降字釜塚の西に字富士塚があつた。富士信仰に基づき塚を築いたもの。現存しない。鳴海と大高とに字藤塚があり、富士塚の意。

本郷　ほんがう　鳥栖一丁目　二丁目

『幕末村絵図』に東端成道寺、北端醫王寺の一帯に人家を描き、本郷である。

宮崎通　みやざきどほり

宮道と山崎村との一字宛を取り合成した地名。

薬師山　やくしやま　桜台町四丁目

『寛文村々覚書』に、

一　薬師堂　一宇　地内壱反五畝拾弐歩　前々除

とある。『幕末村絵図』に八劔社の南方に「薬師山」とある。今は無い。

八劔社　やつるぎのやしろ

鳥栖四―七〇

『寛文村々覚書』には「劔大明神」とある。「八」は称へる接頭語で、数の意味は無い。熱田の別宮八劔宮を勧請したもの。名古屋市内の八劔社は『寛文村々覚書』に拠ると七社ある。今は市内に十六社あり、七位と多い。古墳の上に鎮座する。

八剣社　昭和四六年

八劔社古墳　やつるぎのやしろこふん　鳥栖四―七〇

平成十五年の調査では、直径約五十米、高さ約三米の円墳に、幅約三十米、長さ約十二米の造出が付くと報告された。

八幡社　やはたのやしろ

『尾張国愛知郡千竈村誌』の八幡社の条に、

村ノ坤位ニアリ　東西拾七間三尺　南北三拾八間壱尺　面積三百八拾三坪

が唯一の文献で、鎮座地不明。

『愛知県神社名鑑』の神明社の条に、明治四十二年村内の八幡社を合併したとある。現在神明社の境内末社には無い。

山家道　やまがみち

『幕末村絵図』に「山家道」とある。平針道の別称。

山神　やまのかみ　鳥栖一丁目

蓬左文庫蔵『桶峽間圖』に「山神」とある。『幕末村絵図』に拠ると、村の中央の塩付街道に接して東にある。今鳥栖神明社の境内末社に山神があり、ここに移したのであらう。

『寛文村々覚書』の名古屋の神社数は山神が六十二社で最も多い。時代が降るに連れて減少した。現在南区内の山神社は道徳通二丁目に鎮座する一社のみ。名古屋市内には八社ある。

三　戸　部　村　　とべむら

一　戸部村の概況　　『尾張徇行記』に拠る

寛文年間　戸数　百二十九戸　人口　七百三十八人
文政年間　戸数　百十四戸　人口　四百五十二人
元高　三百二十一石五斗三升
概高　四百四十四石五斗一升七合
田　十五丁八反二畝五歩
畑　十一丁九反九畝二十三歩
東西　七町余　南北　五町余

二　戸部村の史跡

愛知塚　あいちつか　西桜町五四

『張州府志』の「愛智塚」の条に、

在二戸部村一。俗傳。愛智氏累世墳墓也。

戸部村ニ在リ。俗ニ傳フ。愛智氏累世ノ墳墓ナリ。

とある。斯波（しば）家に属して星崎の庄に住んだ愛智助右衛門尉義清の墓であった。『笠覆寺古記』中に文安三年（一四四六）星崎一色愛智助右衛門吉清の寄進状がある。長禄三年（一四五九）九月九日に歿したので、毎歳村童が九月九日に菊花を献じたとあり、よほど領主として慕はれてゐたと思はれる。但し『笠覆寺古記』に応仁二年（一四六八）法名承永の寄進状があり、歿年は検討を要する。

『尾張旧廻記』に、

笠寺の西大門往還の並松より北東の畠中にあり　小さき五輪あり

とあり、畠の中に愛智氏歴世の墓があるのを塚と呼んだ。

『笠寺出現宝塔絵詞伝』所収の『尾張国笠寺伽藍図』に五輪塔の愛知塚の絵がある。

戸部の荒川銀次郎氏の話。

愛知塚は四坪ほどあり、碑が五基ほどあり南面してゐた。後に墓碑だけ寄せ集めた。昭和三十二年に個人でお守りが出来ないと、笠寺観音の墓地に移転した。元の位置は名鉄の踏切の東北、銀杏の木のある所。

『尾張徇行記附図』に「五塚有之名無」とあり、『天林山笠覆寺（笠寺観音）史跡めぐり』で荒川智恵子氏は、

○愛智塚は草むらの中にモサモサありました。

○そのころ五輪塔はきちんと積んであって、五つぐらいありました。
○愛智様に参ると「おこり」が落ちるといってお供えをして、よくお参りにみえよった。熱が出てもお参りにみえていたの。

と語る。

愛智塚

愛智塚　左上部

秋葉社　あきはのやしろ　呼続町七―一〇

『尾張名所図会』の蛇毒神社（富部神社）図に今とほぼ同じ場所に「かうしん」（庚申）が西側、「あきは」が東側に並ぶ。境内末社。今の社殿は平成十三年の建立。『尾張徇行記』に「草創不詳」とあるものの、『南区の神社をめぐる』に安永四年（一七七五）に勧請とある。

当地方で火伏の神社として信仰されるのは愛宕社と秋葉社とであり、愛宕社は古く秋葉社は新しい。単立の神社としては愛知県内の愛宕社は八社、秋葉社は四十五社であり、遠江国の秋葉社の方が近いだけに多い。

青峯山　あをみねさん　荒浜町一丁目

忠治橋の東、道の南の新幹線高架下に堂があり、青峯山石仏が安置してある。原藤広『青峯山信仰』に、

　元は、忠治橋の北東の堤防上に荒浜方面に向って立っていたと竹内紋一氏は言う。

とある。

一色　いっしき　いしき　西桜町辺一帯

『笠覆寺古記』に「一色助右衛門」、「一色愛知入道承永」とある愛智義清は戸部一色城に拠った。その辺一帯の地名が一色であった。中部地方に多い地名で、庄園に関する地名とする説があるものの、一色地名の全てが庄園内にあった訳は無く、石混りの地質を云ったものであらう。『尾張徇行記附図』、『愛知郡村邑全図　戸部村』

は戸部一色城近くに「畑字一色」とあり、『天保十二年戸部村絵図』に「畑方　一色」とある。明治以降の字名は愛知塚の東に「西一色」、「東一色」がある。「いつしき」、「いしき」の読みがある。『慶長十三年鳴海村検地帳』に「一しき」とあり、古くは「いつしき」か。

杁　いり　呼続四丁目

『東海道宿村大概帳』に「一　杁桶　長四間　横四尺」とある。『東海道分間延絵図』から判断すると、字花見と字浦里との境にあつた用水であらう。「杁」は水門。

姥子塚　うばこつか　戸部町四丁目

村絵図の東海道西側に三つの塚を描く。『尾張徇行記附図』、『愛知郡村邑全図　戸部村』に三つの塚は戸部新左衛門を葬つた塚とある。明治以降字姥子塚があり、南に続く笠寺村に字姥子山があつた。

江通り　えどほり

村の西寄り中央から西への用水路。『愛知郡村邑全図　戸部村』に「幅六尺」とある。

郷蔵　がうくら

『寛文村々覚書』に、

一　蔵屋敷　壱畝拾五歩　前々除

とあり、免税地であつた。郷蔵は江戸時代の農村で、年貢米の保管と、凶作年の備荒の為とに設けた蔵。設置場所は不明。

『地方品目解』に、

郷蔵　是は、村方にて蔵を建置、村中之年貢米を庄屋に取集納置、夫より名古屋御蔵に運送仕候

とある。

高札場　かうさつば　呼続三丁目

法令を制札に書き、人目に付き易い東海道の道端に立てた。高札の立つ場を高札場と云ふ。『東海道分間延絵図』に拠ると、天王と長楽寺との間で、東海道の東の道端にあつた。『寛文村々覚書』に、「一　吉利支丹御制札有」とある。第三部　高札　参照。

庚申堂　かうしんだう　呼続町

庚申の夜に三尸（さんし）（道教で人の腹中に居ると云ふ三匹の虫。庚申の夜に眠つてゐる人の身体から抜出し、その罪悪を天帝に告げると云ふ）の難を免れる為、仏教では青面金剛（しやうめんこんがう）を、神道では猿田彦を祀（まつ）る堂。天王の境内社で、

『尾張名所図会』に拠ると、神社の東南、神主屋敷の前に東側の秋葉と並んで南面して建つてゐた。今は無い。

行者堂　ぎやうじやだう　呼続四―一三―一三

長楽寺の境内にある。行者堂は日本に於（お）ける神仙思想の代表人物役（えん）の行者小角（をづぬ）を祀る。南区内では、

笠寺村　江戸時代は村控（村が管理）で笠寺観音西門の外に行者堂があり、今は西門の内にある。

南野村　琵琶羅社の本殿前が行者堂で、この地は行者堂と呼ばれる。

牛毛村　地蔵堂にあつた。今は無い。

行者堂

にあつた。山崎村、桜村には仙人塚があり、行者堂は無かつた。

車塚　くるまつか　呼続五丁目

『尾張徇行記附図』、『愛知郡村邑全図　戸部村』、『天保十二年戸部村絵図』に「字車塚」とあり、白山社北方、東海道の東側の畑の字名であつた。『明治十五年愛知県郡町村字名調』に拠ると、額田郡岩津村と渥美郡植田村とに字車塚がある。

寛蔵寺　くわんざうじ　戸部町二丁目二九

四辻の東北角に覆屋があり、中の台座に「寛蔵寺舊跡」と刻んである地蔵菩薩が安置してある。

荒川銀次郎氏『戸部村考』に長楽寺の略縁起を記す。往古戸部道場寛蔵寺と号する寺があり、一時は塔頭が多く盛大であつた。後代衰微し、文明六年（一四七四）長楽寺として再興したとある。是に拠ると長楽寺の旧地となる。『尾張徇行記』には観蔵寺畠は華王院の塔頭の跡とある。村絵図には「感蔵寺」と宛てるが、寺名は寛蔵寺であらう。地元の人々が正しく伝へ寛蔵寺と彫付けたと思はれる。

寛蔵寺

華王院　けわうゐん　呼続四丁目

『尾張志』の天福寺の条に、

当所より一町ばかり西の方に花王院といふありし
を移して御創建あり　その舊地の字を学頭といふ
とあり、慶長十一年（一六〇六）の天福寺創建まで呼続公園の辺にあつた。

古東海道　ことうかいだう

荒川銀次郎氏に拠ると、古東海道の道筋は、
戸部町二丁目七六番地の東。呼続五丁目との間。
呼続五丁目の二番地と三番地との間。
呼続四丁目一四番地長楽寺の東。
新郊中学校と呼続小学校との間。
を通り、白豪寺の前で東西の鎌倉海道と交叉したとの事である。古東海道の中で最も鳴海潟に近い浜道、浜手の道で、江戸時代の東海道より西方で波打際に近かつた。

古東海道

金毘羅社　こんぴらのやしろ
呼続町七—一〇

『尾張名所図会』の蛇毒神社（富部神社）の境内東南部に「こんひら」として堂を描く。今は富部神社入口東側に覆殿に入った金比羅社の社殿がある。

荒川銀次郎氏『戸部村考』に、
又富部神社内の金比羅社は旧白山社の社であった
建物を利用しているときく
とある。『南区の神社をめぐる』の富部神社の条に、氏子総代の話として、志水（現在、清水稲荷）から明治九年に当所に移転したとある。

天保十二年（一八四一）に成立した『尾張名所図会』には富部神社の境内にあるのだから、理由は判らぬ、字志水に移転してゐて、再移転して富部神社に戻った事になる。名古屋市内に金毘羅社は十一社ある。

三十番神　さんじふばんしん　呼続町七—一〇

『尾張名所図会』の蛇毒神社境内本社前の西寄りに、北より「八王子　三十番神　いもり」の小社を描く。『東海道分間延絵図』に「番神」とある。『尾張徇行記』に「元禄年僧堯祐勧請ス」とある。

『日本歴史地名大系　愛知県の地名』富部神社の条に、
末社として八王子社・三十番神社・金比羅社などが
ある。
として現存するとの記述がある。これは不審で三十番神

社は早く廃絶したに違ひない。「第三部　読物」参照。

慈照寺　じせうじ　呼続四丁目二六

曹洞宗宝林山。本尊虚空蔵菩薩。

『寛文村々覚書』に「慈照庵」とあり、『尾張徇行記』に正徳六年（一七一六）に慈照寺と改むとある。蓬左文庫蔵『桶峡間圖』の中心部を収めた『愛知県史蹟名勝天然記念物調査報告　第四』に「ジヒアン」とする。原図が難読につき推定したのであらうが「慈照庵」とすべきである。

村絵図や『東海道分間延絵図』に、東海道から天王に入る道の反対側に東の桜神明社への道を描き、道の北方に慈照寺とする。この道は今もある。寺は今無い。

塩倉　しほくら　呼続五丁目一

『星崎の塩浜』に拠ると、鈴木氏の敷地の一角に河戸石の積石が東辺十六米、南辺六米にわたり遺存し、塩付街道に沿ふので戸部村の塩倉の跡と推定してゐる。

塩倉とは塩浜で生産した塩を出荷するまで一時保管するもので、各村にあつた。

塩付街道　しほつけかいだう

『尾張徇行記』に、

戸部村ヨリ桜村・新屋敷村・山崎村・中根村・井戸田村・石仏村・古井村ヲ経歴シテ、北へ通スル道ヲ塩ツケ街道ト云、即是古塩ヲ馬ニ駄シテ北国へ運送スル街道ノ由イヒ伝ヘリ、

とある。富部神社の南の辺から東に向ひ、東海道を横切り、桜神明社の前を通つた。他に笠寺村以南の村にも塩付街道の跡が伝へられてゐる。各村の「塩付街道」の条参照。

塩浜　しほはま

『寛文村々覚書』に「一　塩浜　十四町八反八畝十二歩」、「塩屋　九軒」とある。『尾張徇行記』に安永年間五町九反四畝十一歩となつたとある。塩浜の年貢は塩にても代銀にても納めた。

清水稲荷

清水稲荷　しみづいなり　呼続四丁目一三―一二

戸部道場寛蔵寺建立の砌、鎮守として清水陀枳尼真天を安置し、後に清水稲荷と呼ば

れるに到つた。字名の志水は清水と同意である。大正十四年名古屋十名所に指定された。

庄兵衛屋敷　しやうべゑやしき　呼続五丁目三

『尾張徇行記附図』、『愛知郡村邑全図　戸部村』の東海道沿の西側、白山社の向ひに描く。庄兵衛について他の記録が見当らない。

白山社　しらやまのやしろ　呼続五丁目八

『東海道分間延絵図』に拠ると、東海道の東側。北に「白山」、南に「御手洗池」とある。『尾張志』に鎮座地の字名を子持山とする。明治以降は字富士見七番地であった。寛文年間（一六六一―七三）の『寛文村々覚書』に見えず、宝暦二年（一七五二）の『張州府志』に「白山祠」とあり、この間の勧請であらう。「白山」を音読するのは俗な用法であり、「しらやま」の訓読が正しい。白山比咩（しらやまひめ）神社が全国二千七百有余の総本社である。名古屋市内に二十五社あり、第三位と多い。

白山社跡

新池　しんいけ　戸部町三丁目

文政五年（一八二二）の『尾張徇行記』に「新池」とあり、それ以前の文献に見えないのは池の名が示す通り、築立が新しいからである。

『尾張国愛知郡千竈村誌』に「東西二拾七間三尺　南北壱町四拾三間壱尺」と細長いのは、荒川銀次郎氏に拠ると戸部城（一名松本城、笠寺城）の堀を後に溜池に利用した為の由。今は無い。

曽池　そいけ　呼続四丁目一三

『尾張徇行記』に「曽池」とある。『尾張国愛知郡千竈村誌』に「東西四拾三間五尺　南北三町零壱間二尺　周囲五町五拾二間四尺」とあり弧状の大きな池であつた。広さ一町二反五畝九歩。今は北部が埋立てられ、小さくなつた。

曽池遺跡　そいけいせき　呼続公園一帯

呼続公園一帯に分布する縄文時代から中世までの遺跡。本来は曽池貝塚と呼んだ。住居や井戸の遺跡が発掘された。漁具、刳舟（くりふね）、船の一部からは鳴海潟沿岸で盛んに漁業が行はれた事の証である。

立木観音　たちきくわんおん　呼続四丁目一三―一三

長楽寺の境内にある。荒川銀次郎氏『戸部村考』に、

約六百年を経過したであろうと言はれた大松も遂に大正十年秋に枯れ此の木で観音像を彫刻したのが即ち立木観音尊像である。

この大松については昭和二十七年『名古屋南部史』に大正二年現在の名木と古木として、長楽寺御堂前の松を左記の通り記す。

地上五尺の周囲　一丈五尺
高（大約）　一六
樹齢（大約）　四五〇

立木観音

達中塚　たつちゆうつか　戸部町一丁目

『天保十二年戸部村絵図』に「古墓」とある。戸部村の南部に宝篋印塔が立つてゐた。明治時代以降の字達中の地である。耕地整理事業の為移され、長楽寺にある。

帯刀屋敷　たてはきやしき　呼続四丁目

『尾張徇行記』熱田誓願寺の条に、

今戸部村ト笠寺村ノ間街道並木ヨリ一町ホト東北ニアタリ丘上ニ椋大樹一株アリ　此処帯刀宅地ノ址ナリ

とあるが、古老の話では東海道の西側、長楽寺の北部との話で、「東北」は「西北」の誤である。村絵図には長楽寺の北に「誓願寺」と記し、誓願寺控となつてゐる。

千竈通　ちかまどほり

『和名類聚抄』の東急本、高山寺本に「千竈郷」が見え、どこに比定するか諸説がある。明治十一年に山崎村、新屋敷村、戸部村、桜村が合併して千竈村が成立した。千竈通はこの名を引継いだもの。

長楽寺　ちやうらくじ　呼続四丁目一三―一三

曹洞宗日恵山。本尊　大日如来。

『寺院明細帳』に創立大永五年（一五二五）とある。

寺宝に懸鏡と汐汲槽とがある。池田陸介『南区の史

跡』に拠ると、

懸鏡　直径九・一糎　天文四年(一五三五)の刻銘がある。

汐汲槽　二個あり、直径三十二糎、高さ四十三糎。長さ五十九糎の攪拌(かくはん)棒もある。

長楽寺

茶塚　ちやつか　戸部町二丁目

『尾張徇行記附図』、『愛知郡村邑全図　戸部村』の庄兵屋敷の西方に「字茶塚」とある。

天神山　てんじんやま　呼続町

『天保十二年戸部村絵図』に拠ると、天王社の西に八幡宮があり、その西北に「天神山」とある。『尾張徇行記』に慶長八年(一六〇三)天神塚に天王の小祠を草創したとあり、ここが天王社(富部神社)の旧地である。

天福寺　てんぷくじ　呼続町

真言宗海南山。『尾張志』に、

当所より一町ばかり西の方に花王院といふありしを移して御創建あり　その舊地の字を学頭といふ

とある。字学頭は天王社の所在地字神林の西隣の字である。慶長十一年(一六〇六)戸部天王社造営に当り、神宮寺とし、天福寺と改号した。『尾張名所図会』蛇毒神社の図の東部に「社僧」とある。明治初年神仏混淆を正す際に廃寺となつた。

天王町　てんわうちやう　呼続四丁目

『尾張徇行記』に、

町ノ名モ古名ハナシ　街道通リヲ中町、西ノ方天王社ヘ入ル巷(ちまた)ヲ即天王町ト云

とある。

東海道　とうかいだう

『東海道宿村大概帳』の戸部村の条に、

此村往還通長五丁五拾壱間之内、家居三丁五拾壱間程有之、其余ハ並木也

とある。明治初年以降の字名では、山崎村境より、

東側　花見　浦里　車坂　冨士見　東雲
西側　門所　志水　曲尺手　梅ヶ屋　浜見　茶塚

戸部遺跡　とべいせき　戸部町二丁目

弥生時代後期の高杯（たかつき）や奈良時代前期頃の方四米の住居址、共同炊事をした屋外の炉址などが発掘された。土錘や貝塚は鳴海潟沿岸での人々の生活の有様を彷彿とさせる。

戸部一色城　とべいつしきじやう　西桜町

拙著『桶廻間合戦研究』（中日出版社）「第十章　桶廻間合戦の史跡　笠寺村　戸部村」で記述した。

『張州府志』に「東西二十間　南北六十間」とあり、『愛知郡誌』の「戸部一色城址」の条に、「愛知塚此の地の南に近接せり」とあり、字愛知塚を中心とし、字東雲、字東廻間、字西一色一帯が城地であつた。

愛智氏が代々居城した。

戸部城　とべじやう　戸部町三丁目

拙著『桶廻間合戦研究』（中日出版社）「第十四章　桶廻間合戦の笠寺城」で記述した。

『信長公記』に「笠寺へ取出・要害を構へ」と砦とするが、永禄元年（一五五八）の今川義元書状に「笠寺城」とするのが正しい。笠寺城がどの城を指すか諸説があるものの、戸部城の別名と解すべきである。

戸部城址塚

『尾陽雑記』、『諸国廃城考』、『尾張徇行記』に、笠寺城は戸部城で、戸部新左衛門が守つたとある。

松本城の名があり、戸部城は戸部村のはづれで、笠寺村の枝村（支村）松本に近接してゐたので松本城と呼んだもの。又親村の笠寺を冠して笠寺城の別名で呼んだ。新左衛門の子孫が笠寺城と呼んだ事が荒川銀次郎氏『戸部村考』に見える。

城は戸部村南端中央の字城にあり、西に城下の字があつた。三菱戸部住宅一帯である。東側に新池があり、堀を改修して用水池としたもの。

戸部新左衛門は弘治三年（一五五七）今川義元に疑はれて殺され、子供は諸国に四散した。義元は鳴海城の山口左馬助、子息の九郎二郎も謀叛（むほん）を疑ひ殺害した。戸部と山口とが健在ならば桶廻間合戦での今川の敗戦は無かつたのではないか。義元の人を見る眼の無さが後年の敗死に繋つたと云ひ得る。

戸部新左衛門の塚　とべしんざゑもんのつか　戸部町三丁目

みどり幼稚園の西の角地に

　戸部城址

當古城主　戸部新左衛門政直　霊位

　弘治三年丁巳五

　月朔日歿

の塚が建つ。明治七年に後裔戸部新吾が戸部城の跡に建て、耕地整理で城の東方のこの地に昭和四年移した。

戸部新左衛門の塚　明治大正

富部神社　とべじんじゃ　呼続町七―一〇

『尾張志』の「天王ノ社」の条に、

　戸部村にあり　素盞鳥尊を祭る　当社もとは此処より西の方にありしを慶長十一年忠吉君の命によりて

　此処にうつし奉れり

とあり、忠吉病気の折に祈禱の効験があり、忠吉が社殿を新造し、社領を寄せた。宮寺は天福寺。

蛇毒神天王　『寛文村々覚書』『張州府志』

富部天王　戸部天王　『尾陽雑記』『千代倉家日記抄』

富部天王　『尾張徇行記』

戸部天王　『尾張旧廻記』

と江戸時代に呼び、明治二年に戸部神社、大正二年に富部神社とした。

戸部畷　とべなはて

『尾張国愛知郡千竃村誌』に、東海道の戸部畷に並木の松があると記す。

戸部村江通　とべむらえどほり

戸部村の西端で、忠治新田との境にあつた鳴海潟の入江。南北に通つた戸部村江通は『尾張徇行記附図』に「江幅廿間」とあり、北から二筋目は「字田入江幅六尺」とあり、三筋目は「助八江幅八間」とあり、四筋目は笠寺村久戸の江である。『天保十二年戸部村絵図』では三筋目は新田になつてゐた。

戸部村用水　とべむらようすい

戸部村西端の用水。北の山崎村から戸部村の西端を南に流れてゐた。幅三尺。戸部村江通まで流れて終る。

戸部龍王社　とべりうわうしや　呼続町七―一〇

富部神社の境内末社。『南区の神社をめぐる』に、昭和五十二年に鎮座し、神体は素戔嗚尊（すさのをのみこと）、八俣大蛇（やまたのおろち）の掛軸二幅とある。

中町　なかまち　呼続四丁目　五丁目

『尾張徇行記』に「街道通リヲ中町」とある。

並木　なみき

『東海道宿村大概帳』の東海道の戸部村内は

一　往還長　三百五拾九間

道幅　三間より四間迄

東海道の普請は家並の分は戸部村が行ひ、並木の分は尾張藩が行ふとし、並木の村内分は、

左側　五拾三間　右側　百弐拾八間

とある。

猶左側は西側、右側は東側である。

八王子　はちわうじ　呼続町七―一〇

富部神社の境内末社。『尾張名所図会』に「三十番神いもり」と並び小社が描いてある。今は本殿の前西側に東面して居森社と八王子社とが相殿で鎮座する。

八王子とは両部神道の思想に由来し、『古事記』、『日本書紀』に見える天照大神と須佐之男命との宇気比になりませる五男三女神に八王子を配したもの。明治時代まで山崎村に八王子社があつた。名古屋市内に三社で少ない。

補陀　ふだ

『尾張徇行記』に、

一　戸部村笠寺村ノ地サキ新田へ付タル海上ヲ補陀ト唱ヘリ、山谷ノ詩ニ海岸孤絶処補陀洛伽山トアリ

とある。「補陀落」の略。「補陀落」は仏教語で、印度の南端の海岸にあり、観音が住むと云ふ山。足摺岬海上や那智山が霊地として信仰された。

舟着場　ふなつきば

『尾張徇行記』の戸部村若宮八幡宮の条に、

○八幡宮縁起ニ尾張国愛知郡戸辺村八幡宮ト申奉ルハ、ムカシ人皇五十二代嵯峨天皇ノ御宇、弘仁年中諸国ニ公卿ヲアマ下シ玉フトキニ、小見原親王ノ後摩志屋トイフ人、尾張ノ国ニ下リ玉ヒ国ノヤウヲミメクリ玉フトキ、成海ヨリ熱田ニコヱ玉ハントテ其

ワタリヲシラス、今ノ戸辺村ノ地ニ休ミオハシマス時、村人出テ其ノ親王ヲ船ニテ渡シ奉レハ、親王ヨロコヒマシマスコトカキリナク、是ヨリ渡辺村ト名付玉ヒシト也、

と、戸部に舟着場があり、熱田と結んでゐたことを伝へる。

『熱田町旧記』の築出（つきだし）町の条に、

一　築出町の名、古来一色（こらいいしき）と云、今の鳥居下より戸部村の下まで渡船、干潟の時は渉也。

とあり、熱田と戸部とを結ぶ渡りについて記す。これに拠ると熱田の舟着場は築出にあつた。

星崎　ほしざき

『東海道分間延絵図』の長楽寺の西北に当る所に「此辺星崎」とある。

星崎四ヶ村　本地村　南野村　荒井村　牛毛村
星崎七ヶ村　四ヶ村の他　笠寺村　戸部村　山崎村

星崎郷は後の星崎村で四ヶ村を指し、星崎荘は広く星崎七ヶ村を指すやうである。応永二十八年（一四二一）の笠覆寺への寄進状に「星崎郷笠覆寺」とあり、星崎は汎称として用ゐられた。これもその名残である。

明治天皇御駐蹕之處　めいぢてんわうごちゆうひつのところ　呼続町七—一〇

明治元年九月明治天皇御東幸の砌、神社近くで御休憩なさつた記念に、大正二年三月に建てた。東海道の西側、富部神社への道の入口に東面して建ててあつたが、今は神社の入口の東側に移した。

明治天皇御駐蹕之處

元屋敷　もとやしき　呼続四丁目

明治時代以後の字名に元屋敷があり、古東海道の浜手の道、浜道が通つてゐた。江戸時代の東海道が東方に新設され、人家が皆移つて地名が残つた。『天保十二年戸部村絵図』の長楽寺と曽池との間に「字元屋敷」とある。

薬師堂　やくしだう

『尾張徇行記』の天福寺控地の条に、

是ハ東西八間　南北二間半除地ナリ　此本尊ハ今当
寺ノ内堂ニ安置ス

とある。他に記録が見当らない。

弥五郎殿宮　やごらうどののみや　呼続町七―一〇

文化三年（一八〇六）の『東海道分間延絵図』に「弥五郎社」が天王の境内に描いてある。『尾張徇行記』に

一　弥五郎殿宮　是ハ慶長年天王祠ト同時ニ忠吉公
造営

とあり、安永八年（一七七九）の『蓬州旧勝録』に「摂社　○弥五郎殿宮　北ゟ西側」とあり、重要な社であった。天保十二年（一八四一）の『尾張名所図会』には描いてない。その後の記録にも見当らない。

津島神社の摂社弥五郎殿社は正平元年（一三四六）社家の堀田弥五郎正泰が夢想を得て建立したと云ふ。

戸部村の天王の場合は荒川銀次郎氏『戸部村考』所収の『蛇毒神天王由来記』に拠ると、津島社御分神を弥五郎なる者がお迎へし、村中に告げ歩いたとある。

弥太郎塚　やたらうつか　曽池町二丁目　大磯通四丁目

『尾張徇行記附図』に「○弥太郎塚　田字弥太郎新田」とあり、他の絵図にも見える。

八剱宮　やつるぎのみや　呼続町七―一〇

天保八年（一八三七）の『尾張旧廻記』の戸部天王に、

八剱宮　本殿ヨリ西ノ方森内ニ有　拝殿鳥居アリ

とある。他に記録を見ない。

八幡宮　やはたのみや　呼続町

『松巨嶌古図』（「奈留美」第五号　鳴海土風会）に戸部村の神社は「八幡」のみを描き、古社であった。『尾張徇行記』所収の『八幡宮縁起』に天安二年（八五八）鎮座とある。同書に「若宮八幡宮」、『張州府志』に「若宮八幡祠」、『尾張志』に「八幡社」、『蓬州旧勝録』、『神社収納高仕訳帳』に「八幡宮」とある。

『尾張名所図会』に「八まん」と音読するものの古称は「やはた」である。鳴海八幡宮の場合も『千代倉家日記抄』に「八わた」とある。

元は戸部村の氏神で、荒川銀次郎氏の話では

もとは神主の家の南から廻って行くやうに道があった。社務所より西の方に当る。今は何も無い。

との由。『尾張名所図会』に荒川氏の言葉通り描く。

山崎村悪水落　やまざきむらあくすいおち　北内町一丁目

『天保十二年戸部村絵図』に山崎村と戸部村との境に描く。「悪水」とは汚水の意。

呼続遺跡　よびつぎいせき　呼続四丁目

呼続小学校と新郊中学校との敷地を中心として広がる。弥生時代から中世までの遺跡で、弥生土器、古墳時代の竪穴住居、溝などが発掘された。溝の幅約三・三米、深さ一・五米で城館の溝である可能性がある由。古い時代に築かれたので城が記録に残らなかつたと云ふ事が考へられる。本来は呼続小学校裏貝塚と云つた。

呼続公園　よびつぎこうゑん　呼続四丁目四

加納誠『南区の歴史ロマンをたずねて』に、白豪寺にあつた「源頼朝旗掛松」の石柱を呼続公園の松の木の側に置換へたとある。

桶廻間村の戦評の松について拙著『桶廻間合戦研究』（中日出版社）に記した。今川軍が戦評を議したと云ふ大松であつた。伊勢湾台風で倒れたので新しい松を植ゑ後継ぎとした。

一　白豪寺の傍らを古東海道が通り、ここを頼朝が通つたのであらう。但し上野の道を通つた可能性はある。

二　白豪寺の松は物見の松（『尾張徇行記』）、腰掛松（『尾張旧廻記』）の名が伝へられる。桟敷山と云ふ高地から鳴海潟を見下したから物見の松の名が伝へられた。

三　呼続公園は低地で物見は有り得ず、古東海道の道筋でもない。

故に白豪寺に松を植ゑ、石柱を元の地に戻す事は一考の余地が有ると思ふ。

呼継浜　よびつぎのはま

『東海道分間延絵図』は天王と長楽寺との西方に「呼継浜」と記す。

『鳴海旧記』（なるみ叢書　第三冊　鳴海土風会）に

一　呼続浦　是は鳴海潟之惣名にて御座候

とあり、普通考へられがちな南区北部だけでなく南部を含めた全域の称である。浦は潟と共に鳴海浦、鳴海潟と多く用ゐ、浜は呼続浜と用ゐる事が多い。ここは呼続浜の一部を示したもので、ここだけに限られるのではない。

「第三部　二十一　呼続」参照。

居森社　ゐもりのやしろ　呼続町七―一〇

『尾張徇行記』に宝暦（一七五一―六四）勧請とある。『尾張名所図会』に本社前西側の小社として、北より八王子、三十番神、いもりの三社が並ぶ。今は八王子社と合祠で境内にある。

『東海道分間延絵図』解説篇に、天王社の境内社を、

□□　番神　弥五郎社

として解読が不可能であるとしてゐる。底本は東京国立博物館本で読みにくいけれども、写真から「居森」と判読出来る。『東海道分間延絵図』は他に逓信博物館本があるのみなので逓信博物館本に拠ると、やはり読みにくいが「居森」であらう。

津島神社からの勧請であり、『日本の神々　第十巻』「津島神社」の条に、

　居森社　社伝によれば、須佐之男命が対馬より津島へ来臨のおり、最初に鎮座したところと伝え、居森社を上宮、柏宮（柏樹社）を下宮と呼んでいる。祭神は須佐之男命幸御魂（さきみたま）・瘡神（はしか）・大日孁貴命（おおひるめむち）で、瘡神を祀ることから疱瘡の守り神としての信仰を集めている。

とある。

「はしか」は誰でも一度は罹る重度の伝染病として「あかもがさ」と呼んで恐れられた。居森社は「はしか」の神として信仰され、今も末社として存在してゐる。山崎村に居森社があり、かつて鳴海八幡宮の末社にもあった。

四　桜　村　さくらむら

一　桜村の概況　主に『尾張徇行記』に拠る

寛文年間　戸数　八拾六戸　人口　四百壱人
寛政五年　戸数　百拾八戸　人口　四百弐拾三人
元高　八百拾七石九斗弐升弐合
概高　千百四拾三石九斗三升五合
田　三十二町三畝十六歩
畑　四十二町七反一畝七歩
東西　十町　南北　七町五十間

二　桜村の史跡

秋葉神社　あきはじんじゃ　元桜田町二丁目二六

『南区の神社をめぐる』に拠ると、創建は明治二十四年。社殿は東面してゐる。八幡社の境外末社で、境内地

八坪。宗教法人名は「迦具土社」

秋葉堂　あきはだう　西桜町五

『天保十二年桜村絵図』の桜神明社と東宝寺との中間、塩付街道の南にあり、三坪が村除となつてゐた。今は無くなつた。

扇田町遺跡　あふぎたちやういせき　扇田町

弥生時代の方形周溝墓、古墳時代の円形の古墳、方形の古墳が出土した。竪穴住宅址が見付かつた。

大北廻間雨池　おほきたはざまあまいけ　霞町辺

『天保十二年桜村絵図』に見える。

庚申塚　かうしんつか　寺崎町一五

名鉄電車本線踏切のすぐ東側、鎌倉海道の北側に南面して塚がある。庚申塚で「南無青面金剛童子」と刻んである。昭和二十九年の建立。新しい庚申塚は珍しい。牛毛神社、紀左衛門神社、須佐之男社など各所にある。

庚申塚

庚申の夜に三尸（さんし）（道教で人の腹中に居ると云ふ三匹の虫。庚申の夜に眠つてゐる人の身体から抜出し、その罪悪を天帝に告げると云ふ）の難を免れる為、仏教では青面金剛（しやうめんこんがう）を、神道では猿田彦を祀（まつ）る堂。

かうや廻間雨池　かうやはざまあまいけ　鯛取通二丁目辺

『天保十二年桜村絵図』に見える。

笠寺陣地　かさでらぢんち　見晴町

『愛知の戦争遺跡ガイド』に拠ると大東亜戦争中に、昭和十七年砲四門を持つ高射砲中隊「あそ隊」配置。昭和十八年砲六門となり、大隊本部「いすず隊」配置。飛来したB二十九（ク）を高射砲で撃墜したところ、以後上空を避けて飛んだ由。高射砲の砲座が残る。

笠寺陣地

笠寺道　かさでらみち

字分野郷で塩付街道から分かれ、東に向ひ字六本松郷の西北から南下する。宝珠庵墓地の西を通り笠寺観音に到る。『愛知郡村邑全図　桜村』に「観音道」とある。

笠寺道の道標

笠寺道の道標　かさでらみちのみちしるべ　元桜田町二丁目

「左かさでら道」、「右なごや道」、「万人講」と刻んである。

春日野町遺跡　かすがのちやういせき　春日野町他

弥生時代　溝状遺構　高坏　甕（かめ）
古墳時代　竪穴住居　土師器（はじき）

角杁　かどいり　赤坪町

『愛知郡村邑全図　桜村』に描かれてゐる中井筋（中川筋）の村南端に「角杁」とある。「杁」とは水門。

鎌倉海道　かまくらかいだう　古東海道参照

北尾廻間雨池　きたをはざまあまいけ　元桜田町二丁目

今は埋立てられ桜公園となつた。南側を鎌倉海道が通る。

経塚址　きやうつかあと　桜台二丁目五

『名古屋の史跡と文化財』に

小さな礫（つぶて）に一字または数字を墨書したもの多数を出した。

とあり、寛文四年（一六六四）の造立とある。

楠町遺跡　くすのきちやういせき　楠町

弥生時代、古墳時代の遺跡で人々の埋葬の場であり、三百以上の小さな穴が見付かつた。池田陸介『南区の史跡』に、

住居地から外れた全国でも珍しい発見例です。国や村の有力者の墓は古墳と呼ばれていますが、古墳時代の庶民の墓は貴重な発見です。

とある。

熊野社　くまのしや　鯛取通一丁目　桜台町一丁目

『張州府志』に「熊野祠」とあり、『尾張志』に「熊野社　迎山(ムカヒ)といふ處にあり」とある。明治時代は東が字迎山、西が字分野に挟まれた字市亀十七番地に鎮座してゐた。

愛知県内に熊野社は百一社あり、神社数で八位に入るが、名古屋市内では五社で十四位となり、多くない。

『東海道分間延絵図』は「新屋敷」の左手奥に「熊野権現」とあり、新屋敷村に鎮座と受取れるが、桜村の北部が鎮座地であつた。

黒鉄黐の木

黒鉄黐の木　くろがねもちのき　桜台一丁目一六―一四

加納誠『南区の歴史ロマンをたずねて』に「樹齢約三〇〇年といわれる」とある大木である。

古東海道　ことうかいだう

古東海道は、

上野の道

『名所方角抄』に「めくり路三里なり」とあり、鳴海潟を迂回する道。

浜道

「浜手の路」とも云ふ。『名所方角抄』に「あつたより五十町」とある波打際沿の道。

の他に中間の道があり、これを江戸時代以降俗称の鎌倉海道で呼ぶ事が多く、上野の道と浜道との中間に幾筋かあつた。

代表と云へる道筋は山崎村の白豪寺北から東方の寺崎町までで今も残る。東南に向ひ元桜田町二丁目の道標の所で、鎌倉海道と笠寺道とが交叉した。東に向ひ桜公園の南を通り、元桜田町三丁目の中央醸造の南を通る。楠町の村上社の一筋北の道が鎌倉海道と云はれてゐる。

古東海道

桜神明社境内の『熊野三社合祀之記』に、

当時の地名は愛知郡呼続町大字千竈字市竈と云い往時には分野迎山と称し鎌倉街道と塩付街道の交叉する要衝の地であつた

とある。

桜駅　さくらえき　呼続四丁目二七

大正六年三月愛知電気鉄道が単線で開業し、神宮前、井戸田、南井戸田、呼続、桜、笠寺駅が開設された。五月には本星崎、鳴海、有松裏駅が開設された。昭和五十八年五月新駅舎に改築した。

桜小学校遺跡　さくらせうがくかういせき　桜台二丁目

弥生時代の遺構として土器が出土した溝と竪穴住居とが見付かり、弥生時代の遺物は石鏃や台、卜(うらなひ)に用ゐたと思はれる鹿の肩甲骨が見付かつた。

桜田　さくらた　元桜田町他

『萬葉集』巻第三　二七一

櫻田部　鶴鳴渡　年魚市方　塩干二家良之　鶴鳴渡

櫻田(さくらた)へ　鶴(たづ)鳴きわたる　年魚市潟(あゆちがた)　潮干にけらし　鶴鳴き渡る

桜田は桜村の田圃である。桜村は丘陵地が主体で、谷間の田は狭く、東部の低地の田を云つたものであらう。年魚市潟は鳴海潟の古称であり、奈良時代のみに用ゐられ、後代のものは本歌取に過ぎない。

桜田の和歌は拙著『東尾張歌枕集成』（なるみ叢書　第二十六冊　鳴海土風会）に収めた。

年魚市潟の考証は拙著『枕草子及び平安作品研究』（和泉書院）「年魚市潟　鳴海潟」及び拙著『枕草子及び尾張国歌枕研究』（和泉書院）「年魚市潟」に収めた。

桜台高校遺跡　さくらだいかうかういせき　霞町他

和鏡の他に土馬が出土した。土馬は白色のものと灰色のものとであり、降雨祈願に灰色の陶馬を捧げ、止雨祈願には白色の土馬を捧げた信仰に基づく。

桜台町遺跡　さくらだいちやういせき　桜台一丁目

竪穴住居址が見付かつた他、溝状の遺構や弥生時代の土器があつた。

桜田貝塚

桜田貝塚　さくらだかひづか
見晴町　貝塚町

大正四年土器が発見されたのを始め、大正六年には珍しい魚形土器が出土した。日本中で有名になり『世界美術全集』に収められた。桜田名勝として昭和初期には桜田貝塚の絵葉書が発売された。八幡社の入口に桜田貝塚の碑がある。昭和五十九年に建てられた。

桜のお伊勢様　さくらのおいせさま　桜台二丁目一七―一九

天白川の西岸に近い明治以降の字では下島合に田中の神明があり、明治初年に移した。代々近藤氏が奉祠してゐて大変奇特な事である。

『桜』（桜小学校）に

明治末期まで、村の信仰の中心として栄え、例祭には、露店が十数軒のきをつらねていたし、ここで棒の手の合宿や訓練や試合が行われていた。

とある。

桜本町遺跡　さくらほんまちいせき　桜本町他

古代の遺構として竪穴住居三棟、掘立柱建物二棟、溝、土坑などが見付かり、須恵器、土師器（はじ）などや、鍛冶関係の遺物が出土した。鍛冶の建物から古墳時代中期には当地方に鉄器が普く用ゐられてゐた事が判つた。

桜用水　さくらようすい

『尾張徇行記附図』、『愛知郡村邑全図　桜村』に村の北端字榎戸の中井筋（中川筋）とある立切から水を取り、西に流れてから中井筋の西方を並行して南流する用水を描く。村の南端字赤坪に横手杁がある。『尾張国愛知郡千竈村誌』に、「其長拾町拾七間　幅壱間」とある。

慈玄庵　じげんあん　桜本町二丁目

『寛文村々覚書』に、

一　寺屋敷　五畝拾歩　備前検除
是は寛永五辰之年迄慈玄庵と申す寺有之由ニ候へ共、其後寺も無之、無住。

とある。

塩付街道　しほつけかいだう

『尾張徇行記』に

○今塩付街道ハ東宝寺門前ヨリ西ノ方戸部村へ出ルナリ

とある。東宝寺から西へ向ひ神明社の前を通り、戸部村へ出る。『尾張徇行記附図』、『愛知郡村邑全図　桜村』に「塩付街道」として、東宝寺

塩付街道　桜神明社南

から本郷、枝郷分野を通り北へ延びる道筋を描く。

志水池　しみづいけ　桜台一丁目

江戸時代は字がうめ、明治以降は字西郷梅に所在した雨池。埋立てられて今は無い。

常唱寺　じやうしやうじ　貝塚町二一五

日蓮宗妙法山。

昭和五年に笠寺教会所を創立し、昭和十二年に山号及び寺号を定めた。

新池　しんいけ　桜台一丁目

江戸時代字西廻間の池。埋立てられて今は無い。

神明社　しんめいしや　呼続四丁目二七―三九

『南区神社名鑑』に創建は文亀年間（一五〇一―〇四）と推定とあるが、根拠は示されてゐない。大正五年鯛取通一丁目、桜台町一丁目に鎮座した熊野三社を合祀し、その経緯が境内の碑に刻んである。伝承だけでは変遷してしまふ事がある為、書籍にしたり石碑に記したりする事は伝統を次の世代が引継いで行くのに大きな力となり、極めて好ましい。

桜神明社と称するのは俗称で、宗教法人名の神明社が正式の神社名である。名古屋市内の神社では神明社が八十七社と一位の数である。

神明社　しんめいしや　鶴里町二丁目五六

『寛文村々覚書』に「神明弐社」とある中の一つである。『尾張徇行記附図』、『愛知郡村邑全図　桜村』に「字神明」、「字神明前」がある。『天保十二年桜村絵図』に字田中とあり、中井筋の直ぐ東に「神明宮」と記す。ここから田中の神明と呼んだ。明治初年に桜のお伊勢様に移された。

神明社古墳

天正三年（一五七五）勧請の裏書がある掛軸があつたと云ふので、この年に勧請したものと思はれる。

神明社古墳　しんめいしやこふん　呼続四丁目二七―三九

古くから「比米塚（ひめづか）」と呼び、貴婦人が葬られた事を示す。『愛知の史跡と文化財』に直径約三十七米、高さ五・五米の円墳とある。古墳の西側北部と北側全体とに堀が残ってゐるのは例が少なく貴重な遺跡である。昭和時代には堀に水が湛（たた）へられてゐたと云ふが、今は無いのが残念である。

新屋敷道　しんやしきみち

『愛知郡村邑全図　桜村』に「新屋敷道」とあり、桜村から新屋敷村への主要道であつた。枝郷六本松の北から枝郷迎山の西、熊野の東、薬師堂の西を通り、北へ延びる。

仙人塚　せんにんつか　呼続四丁目二一

『尾張徇行記附図』に「仙人塚」とあり、『愛知郡村邑全図　桜村』に「仙人塚　宇野や」とある。

明治十七年千竈村『地籍帳』

字野屋　六番　塚　八歩　官三
字野屋　九番　塚　拾三歩　官三

とあり、何れかが仙人塚であらう。

『尾張旧廻記』に、

○仙人塚　桜村本居神の森の北の方畑中ニ有
古人の秀句に
仙人も龍になるみとはなの宮

とある。「本居神」とは神明社で、「はな」は桜を指す。仙人が龍となつたとは山崎村の仙人塚と同じ。

拙著『桶廻間合戦研究』（中日出版社）「第十六章　仙人塚　戦人塚」参照。

大地欠　だいちかけ　楠町一帯

桜村は本郷の他に、大地欠、分野（わけの）、迎山（むかひやま）、六本松の四つの枝村（枝郷）があり、その一つ。『愛知郡村邑全図　桜村』に「枝郷大地欠」とある。本郷の東方が六本松で、更にその東方の地である。

『尾張徇行記』に「大蛇欠ケ」とあるのは訛であらう。大地が欠けてゐる意で、岡の崩壊地を云つた。蓬左文庫蔵『桶峡間圖』に「大地嶽」とあるのは不審で誤写か。『東海道分間延絵図』に「大地影」とあるのは宛字。

大地掛城　だいちかけじやう　桜台二丁目

『張州府志』に「桜村城」の名で記す。『尾張志』に、

大地掛といふ地の北の方、字をガウメと呼地にあり

とあり、明治時代の字東大地掛の北字東郷梅にあつた。同書に「里人ガウメの城と呼也」とある。

立切　たてきり　鶴里町

『天保十二年桜村絵図』の村の北端中井筋に「用水立切所」とある。用水の東の字は嶋合、西の字は丸田である。『地方品目解』に、

立切（タテ）　是は、用水を懸候とて川中に柱を建、戸を附け水をせき留め候を申候。

とある。

鯛取通　たひとりとほり

桜村の中ほど、字六本松の東南に明治時代字鯛取があり、それに因んで命名した。

地蔵堂　ぢざうだう　楠町

『寛文村々覚書』に「一　地蔵堂　一宇　地内年貢地」とある古くからの地蔵堂で、『尾張志』や村絵図に見える。無くなつた。

地蔵屋敷　ぢざうやしき　西桜町九八

『桜』（桜小学校）に、「東宝寺は、城代家老の屋敷跡で「地蔵屋敷」といった」とある。

辻地蔵　つじぢざう　寺崎町一五

名鉄電車本線踏切のすぐ東側、鎌倉海道の北側に南面した覆堂の中に地蔵がある。

辻地蔵　つじぢざう　寺崎町

『天保十二年桜村絵図』の桜村西北端、字分野郷の北部塩付街道の西側に「辻地蔵　村除壱坪」とある。今は無くなつた。

天神廻間　てんじんはざま　貝塚町

『天保十二年桜村絵図』に「字天神廻間」とある。記録に見当らぬが、天神を祀つてゐた時代があつたのであらう。明治以降は字天神。

天神廻間雨池　てんじんはざまあまいけ　春日野町

『天保十二年桜村絵図』に見える。

東宝寺　とうほうじ　西桜町九八

浄土宗西山禅林寺派薬王山。本尊薬師如来。今は阿弥陀如来。

『寛文村々覚書』に「寺内七畝歩　備前検除」とある。『尾張志』に「創建の年月知かたし」とあるものの『寺院明細帳』に「創立応永元年」（一三九四）とある。

境内に「櫻村固本碑」が建つ。桜村の百姓は収穫が乏

東宝寺　桜村固本碑

しく疲弊してゐた事を庄屋が訴へ、大代官樋口好古が取上げ改善した。「民は国の本、本固ければ国やすし」から固本碑とした。

中川筋　なかかはすぢ

他村では専ら中井筋と呼ぶ。『尾張徇行記附図』には「中川筋」とある。川幅は六尺。

中村城　なかむらじやう　桜本町三丁目一帯

『信長公記』に「中村の在所を拵へ」とあり、山口氏が城主であつた。山口教継は今川方に付き、鳴海城、中村城を守り著しい功績があつたものの、軽薄な今川義元に討たれてしまつた。桶廻間合戦での今川勢敗北の遠因の一つである。『尾張志』に、

桜村のうち中村といふ地にあり　本桜といふ郷の東の方に属る地

とある。

鍋弦　なべつる　鶴里町

天白川改修前は流が蛇行してゐたので、堤が直線化した後に天白川右岸に鳴海村地があつた。鍋の鉉（つる）（弦）状の田畑の境があつた。明治初年の境界整理の時に桜村地とした。鳴海では桜前とも呼び、下流にもあつたので上鍋弦とも呼んだ。本地村の「鍋弦」は「下鍋弦」とも云つた。

西廻間雨池　にしはざまあまいけ　元桜田町一丁目辺

『天保十二年桜村絵図』に見える。

野並橋　のなみはし　鯛取通五丁目

明治十九年　長弐拾七間　幅壱間壱尺　木製
昭和九年　長五十二米　幅三米一　木橋
昭和四十三年　幅二十二・五米
それまでは幅四・六五米
今の橋は平成十九年九月竣工。

野並道　のなみみち

本郷の北から東に延び、字迎山郷と字六本松郷との間、字大地欠郷の北を通る。鎌倉海道、山崎道。

野屋古墳　のやこふん　呼続四丁目二一

吉田富夫『名古屋の遺跡百話』に拠ると、南北約五・六米、東西約七・一米、高さ一・五米の円墳で、玄室内副葬品に、金環、管玉、須恵器の壺、直刀、鉄鏃などが発見された。

宇野屋九番地にあつた拾三歩の塚である。南の六番地にあつた八歩の塚と、この塚のどちらかが仙人塚であらう。

八幡社　はちまんしや　やはたのやしろ　呼続町字八幡西一四

『寛文村々覚書』に「八幡」とある。「八幡」は本来「やはた」であり、音読は後世のものである。但しこの八幡社の南の字は『天保十二年桜村絵図』に「字八まん前」があり、当時音読した。

大楠社（村上社）と迦具土社（秋葉神社　元桜田町二丁目二六）とが境外末社である。

黒人の『萬葉集』歌碑、櫻田勝景、桜田貝塚、櫻棒の手発祥の地の碑がある。

名古屋市内の神社では八幡は五十七社あり、二位である。

八幡社　万葉集歌碑

『松巨嶋古図』（「奈留美」第五号　鳴海土風会）に桜村には「八幡」のみが描かれ、古くから近村にまで知られてゐた。

ちよこつと　よりやーせ

社務所に貼つてある呼掛の言葉である。この神社では第一、第三金曜日の午前九時より十二時まで喫茶を開いてゐる。

八幡西雨池　はちまん（やはた）にしあまいけ　春日野町

『天保十二年桜村絵図』に見える。埋立てられ、春日野配水池となつた。

東郷梅遺跡　ひがしがうめいせき　桜台二丁目他

本来は東郷梅貝塚の名で呼ばれた。地下鉄鶴里駅の北約五十米、桜小学校の東一帯である。

貝塚は蛤、牡蠣（かき）を主体とし厚さ七十五糎あつたと云ふので、弥生時代から人々が永く住み続けた。土器、石鏃（せきぞく）、石斧、砥石、埴輪（はにわ）円筒、須恵器などが出土した。

舟着場　ふなつきば　弥生町辺

鳴海潟の時代には村上社の下（東）に舟着場があり、

宝珠庵　二仏合掌

大楠が舟人の目印となつてゐたと伝へられてゐる。元桜田町三丁目一五の中央醸造の前の道が鎌倉海道であり、そこから道が続いてゐたと思はれる。

宝珠庵　ほうしゆあん　扇田町

山崎村安泰寺の旧地、旧名である。安泰寺の『寺院明細帳』に「創立大永元年」（一五二一）とあり、この年に宝珠庵が創立され、山崎城廃城後に移つたのであらう。墓場の中に二仏合掌坐像墓碑があり、高さ約四十五糎。

本郷　ほんがう　桜本町一帯

『尾張徇行記』に、

一此村ハ塩付街道筋ニ本郷アリ、支邑ハ分野・迎ヒ山・六本松・大地欠ト四区ニ分レリ、分野ハ本郷ニツヽキ街道筋ニアリ、迎ヒ山・六本松・大地欠ハ本郷ノ東ニ陸続シテ農屋散在セリ、

とある。

孫野屋敷　まごのやしき　桜本町三丁目

『尾張国愛知郡千竈村誌』の「孫野屋敷跡」の条に、

中村城の南方にあり、城主の老臣孫野氏が居たとある。『桜』（桜小学校）に「まごめ屋敷」とあるのは転訛か。

丸根城　まるねじやう　桜台一丁目

『尾張志』に「丸根と呼地にあり」とし、『尾張国愛知郡誌』に、

丸根城址ハ　字北尾　丸根ノ名今接西ノ地ノ字トナリテ存セリ

とある。

近時の多くの書に言及する。しかし『名古屋市遺跡分布図（南区）』は昭和五十七年版も平成二十年版も掲載してゐないのは不審である。猶同図は字野屋に所在した野屋古墳を町屋古墳と改名したとあるが、改名する根拠が不明であ

道標

る。「野屋」は伝統ある地名であり、重視すべき。

道標　みちしるべ　元桜田町一丁目二三

笠寺への道と名古屋への道との交叉点にあり、「左かさでら道」、「右なごや道」、「万人講」と刻まれてゐる。

見晴台遺跡　みはらしだいいせき　見晴町

この地は旧石器時代から人が住みついてゐた事が石器の発見により判明した。弥生時代には二重に環濠が掘られてゐて、幅四米、深さ四米ある。竪穴住居跡は二百二十軒見付かつた。

発掘調査は昭和三十九年に始り、昭和五十四年に見晴台考古資料館が開館した。毎年市民が参加して発掘調査を行つて来た。

見晴台　昭和四十四年

迎山　むかひやま　鯛取通一丁目辺

桜村の枝村（枝郷）の一つ。蓬左文庫蔵『桶峽間圖』に「向山」とあり、村絵図に「迎山」とある。『尾張徇行記』に、

一此村ハ塩付街道筋ニ本郷アリ、支邑ハ分野（ワケ）・迎ヒ山・六本松・大地欠ト四区ニ分レリ、分野ハ本郷ニツヽキ街道筋ニアリ、迎ヒ山・六本松・大地欠ハ本郷ノ東ニ陸続シテ農屋散在セリ、

とある。

村上社　むらかみしや（のやしろ）　楠町一六

『尾張徇行記附図』、『愛知郡村邑全図　桜村』には「楠　村上ト云」とあり、神社とは書いてない。『天保十二年桜村絵図』には「字村神」、「村神社」として神社となつてゐる。八幡社の境外末社で宗教法人名は大楠社である。

村上社　戦前

池田陸介『南区史跡散策』に境内の大楠につき、

高さ　二十米
枝張り　東西　二十二米
南北　二十米
地上一・五米の幹回り
三・二米

とある。『萬葉集』の黒人の歌「櫻田へ」を刻んだ歌碑が建てられてゐる。

薬師堂　やくしだう　桜台一丁目一六

『寛文村々覚書』に、

一　薬師堂　一宇　地内六畝歩　同（備前検除）
堂守　高屋

とある。『天保十二年桜村絵図』に拠ると、字迎山郷の北で、道の北に墓場、道の南に薬師堂を描く。三畝六歩の墓は現存し、桜台一丁目一二なので、薬師堂はその南の一六であつた。今は無い。

山崎道　やまざきみち

『愛知郡村邑全図　桜村』の枝郷迎山と枝郷六本松との間から山崎村の村境を西へ延びる道に「山崎道」とある。野並道、鎌倉海道。

横手杁　よこていり　赤坪町

村上社　万葉集歌碑

『尾張徇行記附図』に中川筋（中井筋）の西方を並行して流れる桜用水を描き、村の南端字赤坪に「横手杁」とある。「杁」とは水門で、『地方品目解』に、

杁　杁は水之多小、堤之大小に応じ作り立、堤下に伏せ候而、用水、悪水を通し申候。

とある。

六本松　ろくほん（ろつぽん）まつ　元桜田町一丁目辺

桜村の枝村（枝郷）の一つ。『尾張徇行記』に、

一此村ハ塩付街道筋ニ本郷アリ、支邑ハ分野(ワケ)・迎ヒ山・六本松・大地欠ト四区ニ分レリ、分野ハ本郷ニツヽキ街道筋ニアリ、迎ヒ山・六本松・大地欠ハ本郷ノ東ニ陸続シテ農屋散在セリ、

とある。

六本松遺跡　ろくほん（ろつぽん）まついせき　元桜田町他

弥生時代及び古墳時代の遺跡である。

弥生時代後期末の竪穴住居跡七基、溝、古墳時代の溝状遺構、円筒埴輪(はにわ)、高坏(たかつき)などが出土した。遺構は小方墳の跡かと思はれるものがあつた。

分野　わけの　寺崎町

桜村の枝村（枝郷）の一つ。『尾張徇行記』に、

一此村ハ塩付街道筋ニ本郷アリ、支邑ハ分野（ワケ）・迎ヒ山・六本松・大地欠ト四区ニ分レリ、分野ハ本郷ニツヽキ街道筋ニアリ、迎ヒ山・六本松・大地欠ハ本郷ノ東ニ陸続シテ農屋散在セリ、

とある。

五　笠寺村　かさでらむら

一　笠寺村の概況　『尾張徇行記』に拠る

寛文年間　戸数　弐百九拾三戸　人口　千八百五十四人

文政年間　戸数　三百八拾弐戸　人口　千三百七十一人

元高　九百八拾壱石三斗八升九合

概高　千六百弐拾弐石三斗七升弐合

田　五拾弐町六反弐拾七歩

畑　三拾弐町六反五畝弐拾五歩

東西　十三町余　南北七町余

二　笠寺村の史跡

赤坪杁　あかつぼいり　赤坪町

『東海道宿村大概帳』に字赤坪の杁樋として、長弐間と長五尺と二つが記載されてゐる。中井筋と赤坪用水との杁樋であらう。「杁」とは水門で、『地方品目解』に、

杁　杁は水之多小、堤之大小に応じ作り立、堤下に伏せ候而、用水、悪水を通し申候。

とある。

赤坪橋　あかつぼはし　赤坪町

『東海道宿村大概帳』に、

字赤坪　一　土橋　長弐間　横弐間半

とある。横とは橋の幅を示す。赤坪用水の東海道に架る橋である。橋の名は仮称。

赤坪用水　あかつぼようすい

中井筋の西に並行して流れてゐた。『尾張国愛知郡前浜村誌』に、「其長拾壱町二十六間四尺」とある。桜村では桜用水と呼んだ。幅弐間。

秋葉神社　市場　あきはじんじゃ　いちば　粕畠町一―二四

七所神社本殿の東に社殿があり、明治時代に遷座した。貞享二年（一六八五）秋葉祭の名で秋葉の神輿を江戸と京都とに東海道を村送りし、笠寺村は五月十七日に通行し、京までは行けずに六月二日に戻つて来た。これ以後東海道筋に秋葉信仰が高まつた。大高村の秋葉社の勧請は寛政十二年（一八〇〇）であり、東海道に秋葉の常夜燈が建てられたのは主に寛政以降であり、南区の秋葉社の建立も寛政以降であらう。拙著『緑区神社誌』（なるみ叢書　第二十四冊　鳴海土風会）参照。

秋葉神社　柵下　あきはじんじゃ　さくした　柵下町七二

七所神社の境外末社。『南区神社名鑑』の七所神社の条に「昭和初期に当社より遷座す」とある。大東亜戦争中にB二十九の空襲で焼失し、昭和二十六年に再建した。境内の漱水（手水鉢）に寛政七年（一七九五）とある。

秋葉神社　新町　あきはじんじゃ　しんまち　粕畠町一―二四

七所神社本殿の西に社殿があり、明治時代に遷座した。

秋葉神社　大門　あきはじんじゃ　だいもん　笠寺町字大門六六

大東亜戦争前よりこの地に遷座してゐた。

秋葉神社　鳥山町　あきはじんじゃ　とりやまちやう　鳥山町二丁目

鳥居山（昭和三十二年丹八山公園となる）に鎮座する。

秋葉神社　西之門　あきはじんじゃ　にしのもん　笠寺町字西之門三五

大東亜戦争以前からこの地に鎮座してゐた。

秋葉神社　松池町　あきはじんじゃ　まついけちやう　松池町三―一一

大東亜戦争以前よりこの地に鎮座してゐた。

秋葉神社　松城町　あきはじんじゃ　まつしろちやう　松城町一―二〇

大東亜戦争中の昭和十八年の創建。

秋葉神社　松本　あきはじんじゃ　まつもと　松城町三―四五

拝殿などに昭和三年とあり、清水（手水鉢）に昭和八年とある。南側の道が鎌倉海道、塩付街道であるが、今は住宅が建ち遮断された。

以上の秋葉神社の多くは江戸時代寛政以降の創立であらう。

青木地蔵　あをきぢざう　笠寺町字中切五一

「青木」は笠寺村に織機を広めた青木源右衛門に因むと云ひ、高さ約四十四糎の坐像の石地蔵は土の中から掘り出されたと云ふ。

村で機織が盛んになつてからの事、機織の反物の織始めや織終りの小切を少女や乙女が首に掛けて青木地蔵にお参りすると、魔除けになり、大人になつて美女になるとの言伝へがあつた。

青木地蔵

天保十四年（一八四三）の『東海道宿村大概帳』に、鳴海宿より熱田宿までの村の有様につき、

一　農業之間、男は縄綯ひ、女は糸機を致す

とある。

因みに『天保十二年笠寺村絵図』に「庄屋　源右衛門」とあるのは青木源右衛門であらう。

磯ノ堤　いそのつつみ

北は戸部村から南は本地村まで。古い時代に村の外れに築いた堤。道は堤道と云つた。『天保十二年笠寺村絵図』に見える。

市場　いちば　笠寺町字市場

『尾張徇行記』に、

此村ハ東海道筋ニアリ、民家ハ街道ヨリ南ノ方ニ多シ、村中七組ニ分ル、松本・西ノ門・大門・新町・中切・市場・迫間ト云、

とある。『天保十二年笠寺村絵図』に七つを郷字とする。『尾張旧廻記』に市場、松本、廻間は枝郷とする。

山崎村に字市場、元市場、丹下市場、申市場の地名があつた。共に村の中心地であらう。荒川銀次郎氏に拠ると、市場は元観音の門前町であつたらうとの事。

市場遺跡　いちばいせき　笠寺町字市場

本来は市場貝塚と云った。昭和初期に石器時代遺跡の一つとして紹介された。縄文時代、弥生時代の石器や土器が出土し、人面と思はれる線刻の壺は東日本に多く発掘されたものの、当地方では唯一のもので珍しい。

市場城　いちばのしろ　いちばじやう　粕畠町二丁目

『尾張志』の「市場ノ城」に、

　同村市場といふ地にあり、城址すべて民居となりて境域詳にわきまへかたし。

とあり、江戸時代に既に不明となつてゐた。

一　字羽曽根
二　字市場
三　字中切

と三つの説がある。『寛文村々覚書』に、

　一　同（古城跡）壱ヶ所　先年山口海老之丞居城之由、今ハ畑ニ成。

とあり、山口海老之丞（道林）が城主であつた。桶廻間合戦の折に丹下砦の守将の一人として『信長公記』に名が見える。

字羽曽根三六に「山口道林君之墓」があつた。子孫が寛保元年（一七四一）に建立した。子供の病気に著しく効能があるとして墓参の人が多かつた由。

戸部一色城の城主愛智助右衛門吉清の墓愛智塚は戸部一色城跡にあり、戸部城の城主戸部新左衛門の墓は戸部城跡に建てられた。市場城も城主の墓の地にあつたに違ひない。墓は今笠寺観音に移してある。

字羽曽根三六は粕畠町二丁目で、粕畠住宅一棟と二棟との中間である。この辺一帯が城地であつた。昭和前期までは墓の西北から西、南と溜池が続いてゐて、城の堀の跡と考へられる。

拙著『桶廻間合戦研究』（中日出版社）「第十章　桶廻間合戦の史跡　笠寺村　戸部村」参照。

一里塚　いちりつか　笠寺町字下新町

慶長九年（一六〇四）江戸幕府は東海道、東山道、北陸道に一里塚を築き、全国に普及させた。織田信長の時代から三十六町毎に一里塚を築

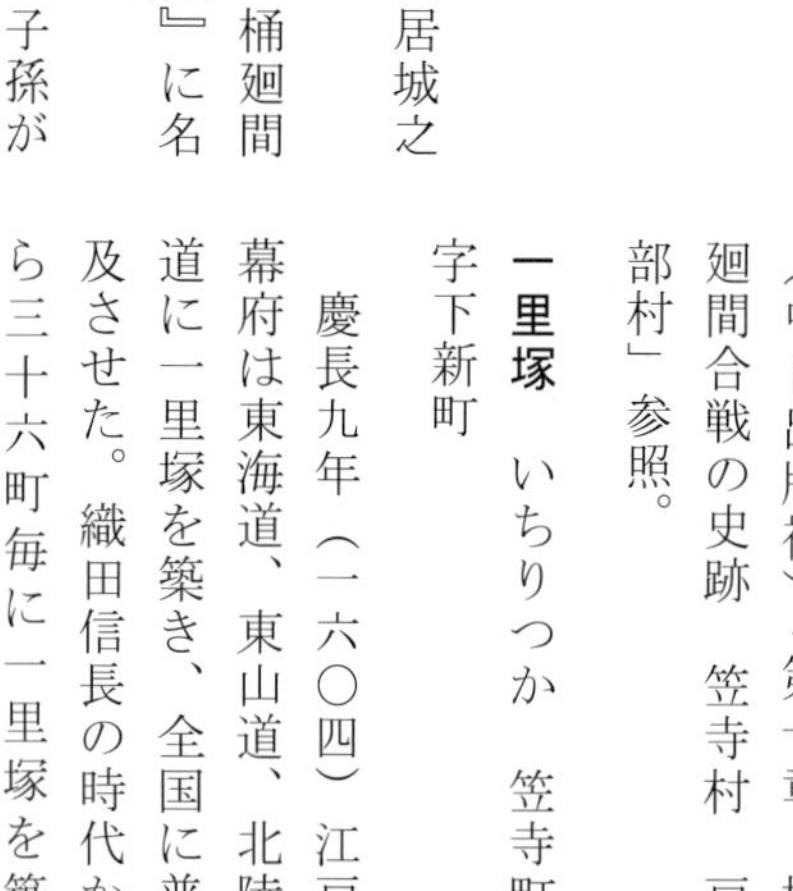

一里塚

き、豊臣秀吉は五間四方の一里塚を築いた。

この一里塚は名古屋市内に現存する唯一の一里塚として貴重である。『愛知県史跡名勝天然記念物調査報告　第五』（昭和二年）に拠ると、

東側　現存　字七反田七十一番地　坪数十二坪
塚上の榎は目通八尺六寸五分
高さは約十尺　直径約五間

西側　滅失　宮下新町二十四番地　坪数三十坪
塚上の椋は目通七尺余

一里塚に植ゑる木は榎が多く、この一里塚は『東海道分間絵図』では左の通り。

元禄三年（一六九〇）版	北	榎四	南	榎三
宝暦二年（一七五二）版	北	榎二	南	榎三
明和九年（一七七二）版	北	榎一	南	榎三

笠寺村の西の一里塚は宮（熱田）の宿東方築出町にあつた。伝馬三丁目三番地の神明社が南側の一里塚があつた地である。

笠寺村の東の一里塚は鳴海村の一里塚である。

北側　鳴海町字鎌研五番地　弐畝拾九歩
南側　鳴海町字鎌研四番地　弐畝九歩
であった。

役行者堂　えんのぎやうじやだう　笠寺町字上新町八三

行者堂とも云ふ。『尾張徇行記』に、

一　村控　役行者堂　一宇　境内　十二歩　村除
年貢地　名古屋橘町裏経王堂ノユツリヲウケテ此堂ヲ創建スト也

役行者堂

とある。往時は村控で西門の外に堂が南面してゐた。今は西門を入つた境内の西端にある。享保三年（一七一八）再建。

神仙思想は古代より日本に紹介され、仙人の代表である役行者は各地の行者堂に祀られ、仙人塚もある。

仙人塚　山崎村　桜村
行者堂　戸部村　南野村
役行者像　紀左衛門神社

があり、戸部村の行者堂は現存する。拙著『桶廻間合戦研究』（中日出版社）「第十六章　仙人塚　戦人塚」参照。

郷字　がうあざ

『天保十二年笠寺村絵図』に拠ると、字名は字と郷字

とがあり、郷字は「郷字新町」、字は「字寺部」などと記す。
新町　中切　市場　西門　大門　松本　狭間
と七つが郷字である。笠寺村は本郷が無く、主要な聚落を郷字と呼んだ。
『尾張国地名考』に、
　笠寺村　　支村二　松本　廻間
とし、『尾張旧廻記』に、
　市場　松本　廻間　以上三ヶ所当村の枝郷なり
とし、郷字とは違ふ扱ひをしてゐる。

郷蔵　がうくら　笠寺町字市場

『尾張徇行記』に、「一　蔵屋敷　二町十二歩　備前検除」とある。『天保十二年笠寺村絵図』に七所神社の東、仁王池の東南に「字郷蔵前」とある。
『地方品目解』に、
　郷蔵　是は、村方にて蔵を建置、村中之年貢米を庄屋に取集納置、夫より名古屋御蔵に運送仕候
とある。
江戸時代の農村で、年貢米の保管と、凶作年の備荒の為とに設けた蔵。年貢米用の郷蔵の設置は古く、江戸幕府が寛文六年（一六六六）に出した『御勘定所下知状』に見える。年貢納入の時期になると、船廻しで名古屋の堀川東岸にあつた尾張藩の蔵屋敷三つ蔵に運んだ。
貯穀・救恤（きうじゆつ）の為の郷蔵は江戸時代中期以降に併設された。

高札場　かうさつば　笠寺町字下新町

『寛文村々覚書』に、「一　吉利支丹御制札有」とあり、文化三年（一八〇六）『東海道分間延絵図』に拠ると、一里塚の西に「高札」とある。天保十四年（一八四三）『尾張名所図会』には笠寺の西門北に「高札」とあり、移した。
法令を制札に書き、人目に付き易い東海道の道端に立てた。高札の立つ場を高札場と云ふ。第三部　高札　参照。

郷中道　がうなかみち

『尾張国愛知郡前浜村誌』に
　笠覆寺門前ヨリ南ニ折レ　南隣本星崎村ニ通ス　其長八町三拾三間　幅二間三尺
とある。七所神社の前を通り南下する。

迦具土社　かぐつちのやしろ　鳥山町二丁目

『南区神社名鑑』に拠ると、鳥居山にあり、旧名秋葉社。千五百年前より約四百年七所神社が鎮座してゐたが風雨の被害が激しく、低地の笠寺町字天満に移つた由。

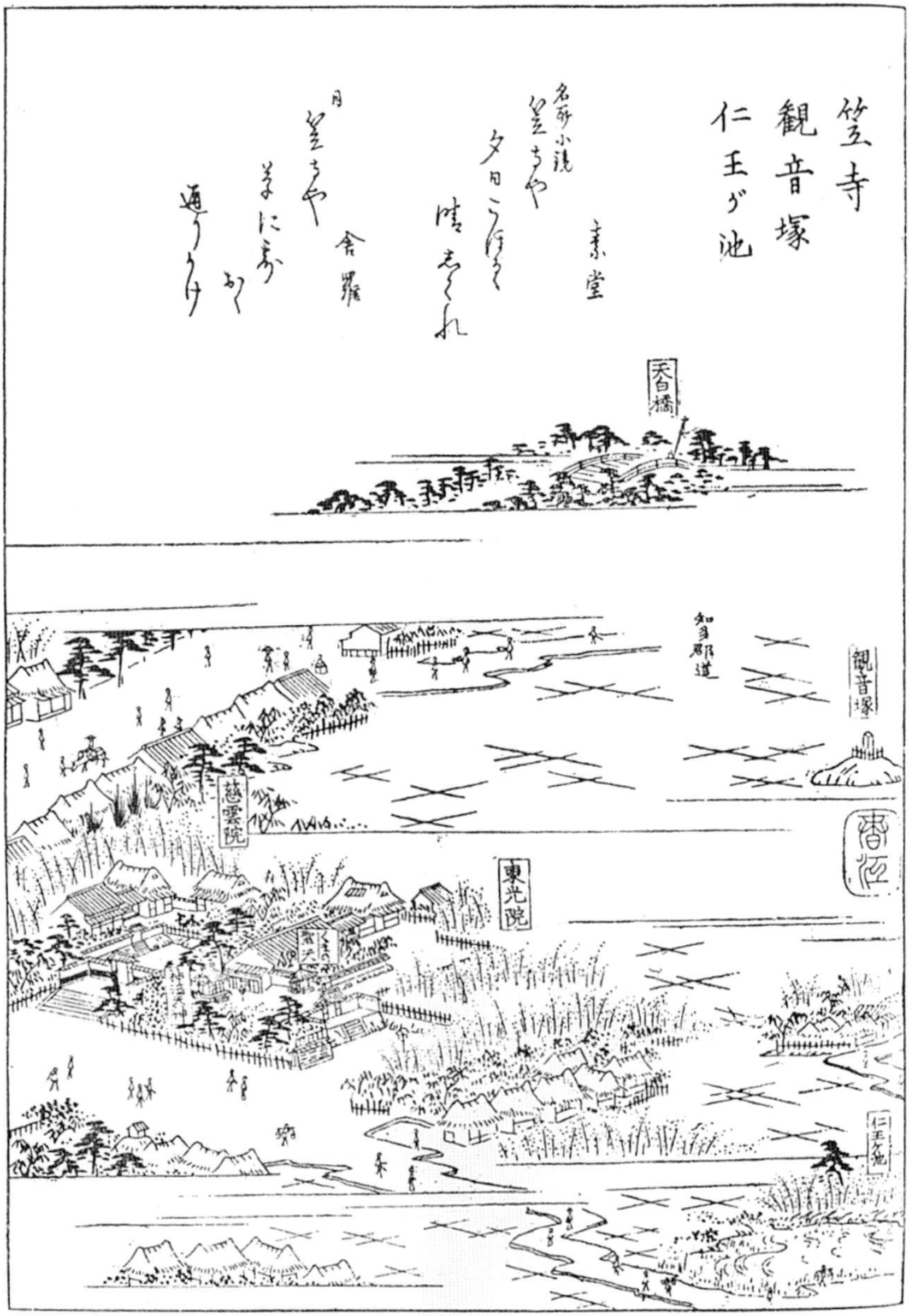

笠寺観音塚　仁王ゲ池

笠寺　笠覆寺　かさでら　りふふくじ　笠寺町字上新町八三

真言宗智山派天林山。本尊十一面観世音菩薩。尾張四観音の一つ。笠寺、笠寺観音は通称。『全国寺院名鑑』の由緒の条に、

天平五年禅光が熱田明神の神助によって本尊を刻み、同八年聖武帝の詔勅によって堂塔伽藍及び一二坊を創建し小松寺と号した。その後数百年をへて延長八年醍醐帝の叡聞に達しあらためて堂塔坊舎を造営し現寺号に改称。中興開山阿願が再建し今日に至る。

とある。

本堂　ほんだう　宝暦十三年（一七六三）建立。

阿弥陀堂　あみだだう　寛政九年（一七九七）『東海道名所図会』に西門の北にあり、天保十四年（一八四三）『尾張名所図会』に西門の東南にある。今は無い。

延命地蔵堂　えんめいぢざうだう　享保十四年（一七二九）再建。『東海道名所図会』、『尾張名所図会』に「ぢざう」とあり、場所は今と同じ。

開山堂　かいさんだう　『尾張名所図会』に今の護摩堂を「開山堂」とする。

護摩堂　ごまだう　『東海道名所図会』は今の薬師堂の辺に「ごま堂」がある。高力猿猴庵画『尾張国伽藍図』の東光院蔵図には本堂の東の開山堂とある横に「護摩堂」と書入があり、開山堂を護摩堂と変へた。

鐘楼　しようろう　貞享元年（一六八四）再建。鐘は建長三年（一二五一）造。

善光寺堂　ぜんくわうじだう　寛保元年（一七四一）再建。

太鼓橋　たいこはし　文化三年（一八〇六）架橋。

大師堂　たいしだう　『尾張名所図会』に見える。場所は本堂の続き東で、今と同じ。

多宝塔　たほうたふ　正保年中（一六四四―四八）建立。

笠寺観音　山門　昭和

笠寺観音　本堂　昭和

玉照姫堂　たまてるひめだう　『尾張名所図会』に本堂前西寄りにある。廃絶してゐたところ、平成十五年本堂前東寄りに建立した。

茶所　ちやどころ　『尾張名所図会』に仁王門の北で東寄りにある。今は仁王門と西門との中間にある。

西門　にしもん　『天林山笠覆寺（笠寺観音）史跡めぐり』に一八一四年（文化十一年）建立とある。しかし文化十四年十一月廿五日条の『猿猴奄日記』に、

　此節西の門も建立、半出来也

とあり、未だ文化十四年には出来上つてゐない。

仁王門　にわうもん　同書の同日条に、

　「笠寺仁王門柱建」とあり、「一山衆僧読経有」、「賑はし」

とある。文政三年（一八二〇）仁王門上棟。

宝蔵　ほうざう　『尾張名所図会』に今と同じ場所に描いてある。

薬師堂　やくしだう　『尾張名所図会』に今と同じ場所に描いてある。明暦二年（一六五六）再建。

六地蔵　ろくぢざう　文化三年（一八〇六）『東海道分間延絵図』、『尾張名所図会』に描いてある。今は無い。

役行者堂　えんのぎやうじやだう　村控として西門の外に鎮座してゐた。笠寺観音が管理する事になり、境内の西門内側に移したのであらう。行者堂は戸部、南野に今もあり、過去には牛毛村にあつた。

笠寺稲荷　かさでらいなり　『尾張名所図会』に西門の北に「いなり」とある。『南区の神社をめぐる』に、

　昭和四三年（一九六八）一月に笠寺観音墓地の南にある無縁仏辺りに鎮座されていましたが、墓地の拡張により現在地（西福院境内）に移転されています。

とあり、度々場所が変つた。

白山社　しらやまのやしろ　延宝八年（一六八〇）再建。江戸時代から場所は変らない。

石龍神　せきりうじん　文化十一年（一八一四）高力猿猴庵『笠寺出現宝塔絵詞伝』に薬師堂西南に「石龍神（せきりうじん）」として西向の小社を描く。天保十四年（一八四三）『尾張名所図会』には「石龍神跡」とあり、この間に廃祠となつた。

白龍大神　はくりうおほかみ　昭和四十六年創建、昭和五十七年再建。

弁財天　べんざいてん　『東海道分間延絵図』に「弁天」、『尾張名所図会』に「弁財天」とある。

愛智塚　あいちつか　昭和三十二年に旧地より墓地の中央東寄りの地に移転した。五輪塔がいくつかあり、低い擁壁で囲つてある。

笠寺『尾張名所図会』

其二
新川
新川集
高樓百尺縦登臨
畫裡江山賜目深
野水幾藏蓮
葉舫松風自
和海潮音雲
開紺殿近紅
旭雨霽蒼苔
遍緑陰更見
荘厳踰異日
天林遂不譲
祇林
宝蔵
鐘楼
石竜神
西福院
弁財天
二王門
茶屋
茶屋
宝寿院
泉増院

愛智塚

阿弥陀如来六地蔵　あみだによらいろくぢざう　名鉄本線笠寺駅近くの長墓から昭和三十二年に墓地の北側の地に移転した。『笠寺長墓移転之碑』があり、北面する。

織部燈籠　おりべとうろう　開山塔　中興開山塔の東にある。切支丹燈籠かと云々する説があるが、坂重吉「無関之」第十一号や「見学記録」第六号で論駁した通り、石燈籠型墓標である。竿の裏に元禄八年とある。

開山塔　中興開山塔　かいさんたふ　ちゆうこうかいさんたふ　『尾張名所図会』に寺地の北東に描き、今と同じ場所である。今墓地の中央にある。

極楽石　ごくらくいし　今は池の北西の白龍大神の西に二つある。『尾張名所図会』には境内東部の宝蔵の前に描く。

千鳥塚　ちどりつか　松尾芭蕉が貞享四年（一六八七）に詠んだ「星崎の闇を見よとや啼千鳥」の句を刻む。芭蕉三十六回忌の享保十四年（一七二九）丹羽以之の建立。『東海道名所図会』には開山堂の北に「はせをづか」と

千鳥塚

あり、台石と塚とが描かれてゐるが、弁天池の中島や墓堂の裏を転々とし、今は台石が失はれ、境内東側に西面して建つ。

馬頭観音　ばとうくわんおん　馬車屋を営んでゐた各務丈太郎が大正十二年に建立した。

春雨塚　はるさめつか　多宝塔の裏に建つ。

此寺の縁起人のかたるを聞侍りて
　笠寺やもらぬ岩屋も春乃雨　　芭蕉翁桃青
　　旅寝を起す花の鐘撞　　知足
　かさ寺や夕日こぼるゝ晴しぐれ　　素堂
　　大悲のこの葉鰭となる池　　蝶羽

と表に刻む。安永二年（一七七三）十月に知足六十回忌の追善供養に建立した。建立者蝶羅は知足の孫で、蝶羽の次男。拙著『鳴海の芭蕉』（なるみ叢書　第二十五冊　鳴海土風会）、森川昭『下里知足の文事の研究』（和泉書院）参照。

宮本武蔵の碑　みやもとむさしのひ　千鳥塚の側にある。

春雨塚

武蔵百年忌に当る延享元年（一七四四）に孫弟子達が「新免武蔵守玄信之碑」を建てた。武蔵が東光院に滞在してゐた縁に因る。

山口道林君之墓　やまぐちだうりんくんのはか　市場城（羽曽根城）の城主山口道林（海老丞）の墓は笠寺の南方笠寺町字羽曽根三六番地（粕畠町二丁目）に寛保元年（一七四一）建立された。区画整理で笠寺に移した。

碑文は荒川銀次郎氏他『笠寺周辺の戦国武将』に収められてゐる。『笠寺星崎探史ハイキング案内　四ノ巻』（鳴海文化協会）に、「子供の病気に効あり」と信仰の対象である。

六地蔵　ろくぢざう　『尾張名所図会』に多宝塔の傍らの「六ぢざう」を描き、『東海道名所図会』は無名ながら堂を描く。地獄、餓鬼、畜生、修羅、人間、天の六道において衆生を救はんとするのが六地蔵である。六角の石塔は珍しい。明和七年（一七七〇）建立。

山口道林君之墓

西方院　さいはうゐん　笠寺の塔頭の一つ。塔頭は嘉禎四年（一二三八）以前、永仙坊　中之坊　桜本坊　徳寿坊　泉蔵院　西禅坊　東光院　吉祥坊　日光坊　窪之坊　多門坊・東林坊の十二坊があつた。今は四坊。

西方院は本尊不動明王。笠寺の西方にある。観音塚にあつた観音像を祀る。

西福院　さいふくゐん　笠寺の塔頭の一つ。笠寺の境内東南角にあつたが、今は西北角に新築した。本尊不動明王。

慈雲院　じうんゐん　笠寺の塔頭の一つ。東光院のすぐ北にあり、昭和十一年熱田に移転した。

泉増院　せんぞうゐん　笠寺の塔頭の一つ。本尊大日如来。玉照姫堂がある。

東光院　とうくわうゐん　笠寺の塔頭の一つ。本尊不動明王。宮本武蔵が滞在し、遺品が残る。菅原道真を祀る笠寺天満宮があり、「出世神酒天満宮」の幟が立つ。神酒を供へると顔が赤くなると云ふ神影を祀る。

宝寿院　ほうじゅゐん　笠寺の塔頭の一つ。大正十年海部郡永和村に移転した。山門は善東寺が譲り受けたが、伊勢湾台風で倒壊した。

観音塚　くわんおんつか　粕畠町三丁目

知多郡道の西側。笠寺観音旧地で、元観音とも云ふ由。延長八年（九三〇）に現在地に移転するまで小松寺がここにあった。笠寺、笠覆寺は玉照姫以後に出来た寺名。享保元年（一七一六）加藤又兵衛が碑を建てた。正面に「南無十一面観世音大菩薩」と刻み、側面に由来が刻んである。碑文は『尾張徇行記』にある。

笠寺駅　かさでらえき　立脇町二丁目一

明治十九年三月一日、大府、大高、熱田三駅間の東海道線が開通した。笠寺駅の開設は昭和十八年六月一日と新しい。『名古屋南部史』に拠ると、昭和二十四年一月より六月までの半年間の乗車客は十六万九千六百九十四人、降車客は十九万三千五百二十三人であった。昭和五十四年八月『国鉄全線全駅』に拠ると、一日の乗降客数は四千九百八十四人。貨物専用の名古屋臨海鉄道の駅がある。

笠寺小橋　かさでらこはし　砂口町

『千代倉家日記抄』元文五年（一七四〇）八月六日に

大夕立があり、笠寺小橋の際は通行困難であったと記す。東海道の中井筋に架る橋で、『東海道分間延絵図』に「字中井筋　土橋」とあり、岩瀬文庫蔵『尾張鳴海邊』に「拾弐間」とある。『東海道宿村大概帳』に、

字中井筋　一　土橋　長弐間　橋杭　弐本立　弐組

とある。『尾州鳴海邊』の拾弐間は誤である。

笠寺城　かさでらじやう

桶廻間合戦関係の書に見える笠寺城については、

一　市場城　二　寺部城　三　笠寺観音境内の後

四　戸部一色城　五　戸部城

など、どの城を指すか諸説がある。

拙著『桶廻間合戦研究』（中日出版社）「第十四章　桶廻間合戦の笠寺城」で考証を記した。

一　笠寺城は戸部新左衛門の居城戸部城の別名である。

二　戸部城は笠寺村の郷字松本に接して位置したので松本城の別名があり、松本を含む笠寺村の名を取り笠寺城と呼ぶ事があった。

笠寺縄手　かさでらなはて

『千代倉家日記抄』元文五年八月五日条に大水を記し、山崎川宮と山崎と両所へ切込候由承、往還通路相止

申候。境川橋落申候よし。笠寺縄手通路なし。

とあり、一里塚辺より天白橋までの東海道を指す。

笠寺東径　かさでらひがしのこみち

『張州府志』に笠寺東径の名で知多郡道を述べ、織田信長が桶廻間合戦の時に通つたとする。信長は上野の道を通つたので、この記述は誤。右の拙著「第十一章　織田勢熱田から鳴海までの進撃路」参照。

笠寺道　かさでらみち

笠寺観音から北に向ふ道。宝珠庵の西を通り、桜村字六本松の西を通る。『愛知郡村邑全図　桜村』に「観音道」とあり、元桜田町二丁目の道標に「左かさでら道」とある。

粕畑貝塚　かすばたかひづか　粕畠町三丁目他

昭和二年に後年鳴海町長を勤めた野村三郎により発見された。

縄文時代早期後半の代表的土器型式として粕畑式土器の名がある。石器は石鏃、礫石錘、石匙が出土し、哺乳類は猪、鹿が出土した。貝は灰貝が多かつた。灰貝は浅海に住み、珍味の名で呼ばれる。鳴海潟沿岸に住んだ縄文人が喜んで賞味した。

狐坂　きつねさか　笠寺町字下新町

『尾張旧廻記』の「成海渡」に、

　里人の説に笠寺村天王社の東の坂を狐坂と云ひ此所ゟ三王山の下の間さして鳴海わたりと云ひしとそ

とある。

天王社の前から一里塚までの坂が狐坂である。天王社は字下新町二十九番地にあつた。この坂は古東海道の浜道である。拙著『緑区郷土史』（緑区鳴海町字作町六六　鳴海土風会）参照。寛正三年（一四六二）の『笠覆寺古記』に「きつね坂」がある。狐が棲み着き、よく姿を見掛けた故の地名で、今は天王坂と云ふ。

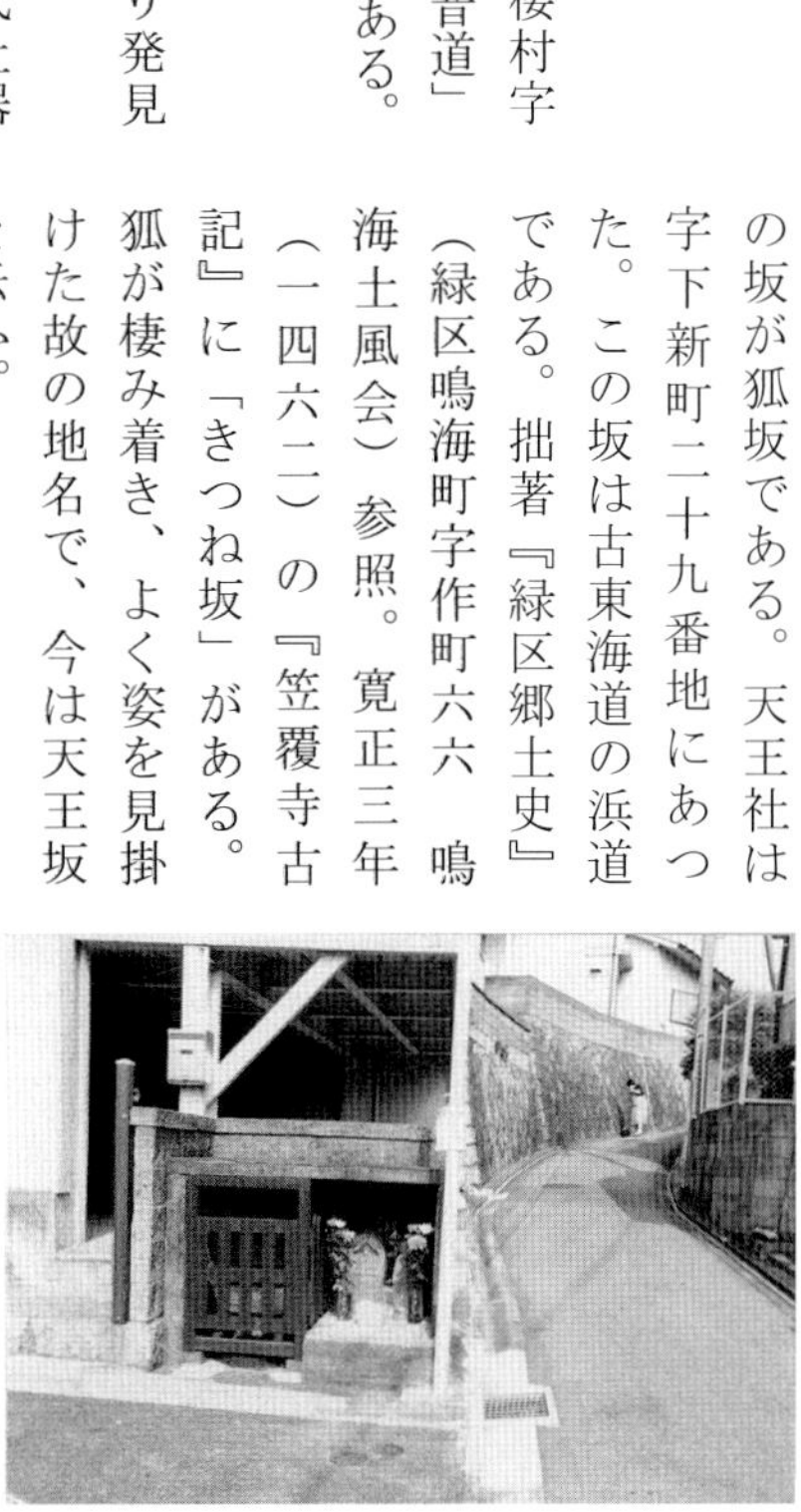

狐坂　弘法井戸

久戸ノ江　くとのえ　東又兵衛町

笠寺村の塩浜と戸部村の塩浜との入江。北方に戸部村江があつた。

車留杭　くるまどめくひ　砂口町

『東海道分間延絵図』の天白橋西の橋詰の南に「車留杭」とある。車が通ると橋が傷む為、通行を禁ずる標識。橋の他に急な坂は危険な為禁止する事があつた。

観音像　くわんおんざう　笠寺町字市場三二

山村宅の前に石造の像が祠つてある。かなり古いもののやうである。祀つた時代や、何故ここにあるかは不明。

弘法井戸　こうぼふゐど　笠寺町字下新町一六

狐坂の途中にある。加納誠『南区の歴史ロマンをたずねて』に青木まさ子氏の話がある。

弘法井戸と言われるのは、昔弘法さんが笠をさしてこのあたり（中切）を歩いてまわっていたころ、ひでりが続き水がなく、水を分けてくれませんでした。しかしある家一軒だけが水を分けてくれました。お礼に杖を土にさしたらその場所から水が湧き出たという話です。

弘法井戸の話は各地に伝はる。鳴海の字乗鞍も同じ話があり、弘法井戸と云ふ。後に弘法堂も出来た。拙著『緑区郷土史』（鳴海土風会）「字別郷土史」、「寺」の条参照。

古東海道　ことうかいだう

『尾張徇行記』に、字市場を通つたとある。

一　此村七区ノ内市場ハ古ヘノ東海道筋ナリ　サレバ於今市場ノ名遺レリ

荒川銀次郎氏に拠ると、次の通り。

天白川　市場（元観音の門前町であらう）　七所神社の東　久野園吉の東　保健所　今の駅（昔の駅の南に道があつた）　友田産婦人科　南西の角から入る道　みどり幼稚園　荒川氏宅前

この道は古東海道の道筋の中で最も鳴海潟の波打際に近い所を通つた浜道、浜手の道である。荒川氏の話に基づき推定すると、

狐坂の下　一里塚の前、字下新町二四番地と二六番地との間の道から西に登る
弘法井戸　字下新町一六番地の北
天王社前　字下新町二九番地の南
南に曲る　字中切三七番地前
西に曲る　字中切五五番地前
仁王池南　字中切一番地前　七所神社の北方
坂を降る　仁王池跡から道は弧状になり北に向ふ

前浜通　坂を降りた所から六丁目一六番地北の道
名古屋南歯科医療センター　保健所の後身
本笠寺駅　昔の駅の南に道が通つてゐた
西に入る　呼続五丁目一七番地の南
北に曲る　笠寺町字姥子山一六番地北
みどり幼稚園　呼続五丁目三四番地の西　ここから
　は北に向ふ

古東海道

今の道筋が昔通りではないのは特に本笠寺駅辺であらう。松城町三丁目四九に道標があり、鎌倉街道が通つてゐたと伝へ、北東の秋葉神社の南側の道が鎌倉街道だとする。この先から本笠寺駅まで細道があり、古い道であらうが、戸部村、山崎村に向ふには南に下り過ぎである。別の道ではないか。

小松江　こまつえ

観音塚附近の鳴海潟の入江。『能因歌枕』尾張国の歌枕十ヶ所の一つ。第三部　読物「小松江」参照。

坂野　さかの　本星崎町本城町辺

『尾州愛知郡星崎天林山笠覆寺由来記』に、

　抑尾張国愛知郡呼次の浜厺古崎の北の原ニ坂野と云
　所有りて其所ニ坂野太夫と云人有

とある

呼次の浜　鳴海潟の浜全体について云ふ。「呼続」「喚続」とも。

厺古崎　普通松巨嶋（まつこしま）と云ふ。古い時代は大高を指し、次に星崎（七ヶ村）を指し、後に熱田を指した。ここは星崎。

坂野　永井勝三『鳴尾村史』「興治別（ほむたわけ）命御墓」の条に、所在地の字坂上は今の本城町の辺にて、笠寺縁起には坂野とある地と同一なりとある。

七所神社　しちしよじんじや　笠寺町字天満一二

『愛知県神社名鑑』に平将門の乱の時、熱田の宮七柱の神を鳥居山に迎へて祈禱し、天慶三年（九四〇）に乱が治り、翌四年鳥居山に創建したとある。七柱は、

日本武尊　やまとたけるのみこと
須佐之男尊　すさのをのみこと
宇賀御魂尊　うがのみたまのみこと

天穂日尊　あめのほひのみこと
天之忍穂耳尊　あめのおしほみみのみこと
乎止与命　おとよのみこと
宮簀比売命　みやずひめのみこと

七所神社

右の鳥居山は誤で神輿（みこし）山が正しい。本地村の条参照。

約百年後に神輿山から現在地に移ったと云ふ。『愛知郡誌』、『名古屋市南区郷土誌』、『笠寺星崎探史ハイキング案内四ノ巻』（鳴海文化協会）に永承年間（一〇四六―五三）創建とあるのは、移転した年代を記したもの。

明治二十二年『尾張国愛知郡誌』に境内末社八として迦具土社四座　神明社二座　宇賀御魂社　須佐之男社とある。今は神明社と稲荷社とがある。

塩倉　しほくら　笠寺町字姥子山

『星崎の塩浜』に拠ると、笠寺町字松本の道沿に建つてゐた南北十一間、東西三間ほどの倉庫は、荒川銀次郎氏の談では塩倉であつた由。

塩付街道　しほつけかいだう

『尾張国愛知郡前浜村誌』に、

塩付街道ト称スルモノ　字西ノ門ヨリ北折レテ　北隣千竈村堺ニ至ル　其長四拾四間四尺五寸　幅壱間

とある。笠寺道と同じ。

塩浜　しほはま

『尾張徇行記』に、

寛文覚書　十五町四反六畝二十一歩
その後　十二町八反七畝十二歩
安永六年　五町一反四畝二十五歩
昔年比七ヶ村（南野、荒井、牛毛、戸部、山崎、笠寺、本地）ニ塩浜百町オヨヒモアリテ、夥シク潮ヲ焼出セリ

とある。

下新町遺跡　しもしんまちいせき　笠寺町字下新町、中切

弥生時代の前期から後期まで弥生時代全期の土器が出土した。石器は石鏃、凹石の他、四頭石斧（十字形で各尖端に刃が付き、中央に穿孔があり柄を着ける）が珍し

い。土師器、須恵器、土錘が見付かつた。

撞木江　しゆもくえ　東又兵衛町

笠寺村の江（入江）。北に久戸の江があり、南に撞木江があつた。

神宮　じんぐう　粕畠町二丁目

笠寺町字下新町に鎮座してゐた天王（新宮天王）について、『尾張徇行記』に、

当社ノ草創ハ村ノ南ニ神宮ト云所アリ　其地ニ小祠アリ

字宮迫間に神宮池があり、その附近であらう。

神宮池　じんぐういけ　粕畠町二丁目

七所神社の東、笠寺村字宮迫間にあり、『尾張国愛知郡誌』に、南北百七拾四間、東西弐拾間五尺とある。東西が狭いのは市場城（羽曽根城）の堀を用水池にした為。『尾張徇行記』に「宮迫間池」とある。

新町　しんまち　笠寺町字上新町、下新町

『尾張徇行記』に、

民家ハ街道ヨリ南ノ方ニ多シ、村中七組ニ分ル、松本、西ノ門、大門、新町、中切、市場、迫間ト云、

一此村七区ノ内市場ハ古ヘノ東海道筋ナリ、サレバ於今市場ノ名遺レリ、是ハ慶長年中今ノ新町ノ方ヘ振替レリ、因テ町ノ名モ新町ト唱ヘ来ルトナリ

とある。古東海道の市場一帯より新東海道に人家が移つたが、全軒移転したのではなく、古東海道方面の人家が多かつた事を記す。

捨の宮　すてのみや　笠寺町字天満一二

七所神社の別名。『尾張年中行事絵抄』に、

或説に、此社は元は熱田の神殿なりしを、此所へ捨し事あり、其儘に爰に建しといふ。此ゆへに、捨の宮と称する由なり。

とある。『蓬州旧勝録』に捨所社とあるのも同じ。

砂口道　すなのくちみち

『尾張国愛知郡前浜村誌』に、

字砂口ヨリ又南ニ折レテ　南隣本星崎村堺ニ至ル
其長三町五拾九間　幅二間

とある。東海道の字砂口より南への道。
猶砂口は「すなのくち」である。『尾張徇行記附図』、『愛知郡村邑全図　笠寺村』、『天保十二年笠寺村絵図』

に「砂ノ口」とあり、明治以後の字名も「砂ノ口」である。

関枠　せきわく　赤坪町

『東海道分間延絵図』中井筋の東方、東海道の北側に「字砂口　関枠」とある。筧（かけひ）の短いもので横が広く、開戸が二枚あるもの。用水、分水などにかけて、水をはかり引き分ける役割に使ふ。東海道の北側に道沿に用水が中井筋から流れて来る。その途中にあつた。

善東寺　ぜんとうじ　鳥山町三―四五

浄土宗南方山。本尊薬師如来。

『寺院明細帳』に「創建年代不詳」とある。『尾張徇行記』、『愛知県歴史大全集・寺院篇』に僧源喜が承応元年（一六五二）開基とあるが、前々除であるから室町時代以前の筈で、源喜は中興開基である。

山門は笠寺の塔頭宝寿院が廃寺となつた為大正九年に譲り受けたが伊勢湾台風で倒壊し建直した。但し山門の懸魚はそのままである。

昭和二十七年『名古屋南部史』善東寺「打上の松」に、

地上五尺の周囲　一丈四尺
高（大約）　一四
樹齢（大約）　三〇〇

往古本宮は海岸に瀕し星崎呼続の浜頭で鳥山と称し、突出して干潮の時海辺を通行し満潮の際は本松の下に波浪打上通行杜絶す故に当時の里人は打上の松と称す

とある。大正二年の現状を記す。往古は寺の前が鳴海潟であつたとの伝へである。

大明神　だいみやうじん　鳥山町二丁目辺

『天保十二年笠寺村絵図』七所神社からの郷中道が郷字挾間に入る手前、道の東側に「大明神」とある。今は無い。

大門　だいもん　笠寺町字大門

『尾張徇行記』に、

村中七組ニ分ル、松本・西ノ門・大門・新町・中切・市場・迫間卜云、

とあり、七つの郷字（がうあざ）の一つ。笠寺観音の山門に由来する地名。

立場　たてば　笠寺町字上新町七四

享和二年（一八〇二）『御分間御絵図御用宿方明細書上帳』を拙著『鳴海宿書上帳』（なるみ叢書　第十九冊　鳴海土風会）に翻刻した。

当宿ゟ上之方熱田宿迄之間
　立場　壱ヶ所　笠寺村新町

とあり、鳴海宿と熱田宿との間に立場は一軒のみあつた。立場とは馬を立てて休む所が語源で、馬の他、人足、駕籠舁（かごかき）、旅人などが休憩した。軒端が馬の休憩する所で、人は中で縁台などに腰を掛けて休み、茶を飲んだので掛茶屋とも云つた。旅人には名物の餅や団子などを出し、馬には湯や麦などの餌を出した。

立場跡

立場は茶屋に含まれ、立場（建場）茶屋とも云つた。茶屋の中で公式に認められたものが立場である。

帯刀郭　たてはきくるわ　立脇町一丁目―三丁目

『尾張徇行記』の戸部村に、

　又同村（戸部村）ニ帯刀郭ト称シ塩浜五丁ホトアリ

とある。「郭」とは区域の意。水野帯刀は戸部村に住み桶廻間合戦では丹下砦の守将であつた。「同村」とあるが笠寺村である。

知多郡道　ちたぐんだう

一里塚の東、東海道より南への道が赤坪用水沿にあり、『天保十二年笠寺村絵図』に「知多郡道」とある。尾張藩主が知多郡巡行に用ゐた。起点に徳願塚がある。蓬左文庫蔵『桶峡間圖』に、

　従此道西ハ高ク山畠也
　城山ノ北ハ東エ押廻シ古
　ハ城山エ続キ皆山也

とあり、『尾張国愛知郡前浜村誌』に、

知多郡道入口

　古時　笠寺東径（カサテラヒガシノコミチ）ト唱フルモノ　字新道ヨリ南ニ折レ南隣本星崎村堺ニ至ル　其長三町三拾二間　幅一間二尺　但シ知多往還ニ属ス

とある。

茶屋　ちやや

拙著『鳴海宿書上帳』（なるみ叢書　第十九冊　鳴海土風会）に、

当宿ゟ上之方熱田宿迄之間
立場　壱ヶ所　笠寺村新町
茶屋三軒御座候

とあり、立場茶屋の他に並の茶屋が三軒あつたと記す。『尾張名所図会』の笠寺観音図に、立場を茶屋とし、他に泉増院入口のすぐ西と、西方院より北二軒目とに「茶屋」とする。『蓬州旧勝録』に笠寺村の茶店山口屋勘助の名を記す。

寺部城　てらべじやう　粕畠町一丁目

寺部は江戸時代の字名であり、七所神社の西が字寺部で、更にその西が字天満であつた。明治時代の初めに字寺部は字天満に含めて廃し、八百米程南で、東海道線の通る低地を寺部とした。『愛知県中世城館調査報告　I』が移動した先の低地を寺部城の地とするのは誤。

『天保十二年笠寺村絵図』に拠ると、江戸時代の字寺部は古東海道の南、七所神社の西一帯である。寺部城につき、

「奈留美」（鳴海土風会）第十号、久野白鳳「星崎城」

この城の場所は笠寺城字天満にして七所神社の西に当る高地なりしが、土地区画整理事業により旧形をとゞめず、現在十八間道路敷地となりたる箇所にして最近土砂掘鑿により古井戸を発見せりといふ、この城址を里人寺部様といふ

とある。拙著『桶廻間合戦研究』（中日出版社）「第十章桶廻間合戦の史蹟　笠寺村　戸部村」参照。

寺部通　てらべどほり

明治以後の字寺部に由来する。前条に記した通り、明治以後の寺部は八百米ほど南に地名を移したもので、本来の寺部ではない。

天白橋　てんぱ（は）くはし　砂口町

寛永九年（一六三二）に橋を架けた。

『千代倉家日記抄』に「天白大橋」とあり、近辺で最も大きな橋である。『鳴海大高星崎之図』に「十四間水通し」とあり、古くは十五間の橋で間に合つた。『尾張徇行記』に「二十間」とあり、多くの書は「二十七間」とする。明治天皇御東幸の折の記録には、「長弐拾九間　横三間壱尺」とある。

大正十四年に板橋が流失し、昭和二年鉄筋混凝土で架替へ、長さ四十九米、幅員七・二米にした。

「橋」は「はし」と読み、濁らないのが伝統である。「新橋」の「しんばし」は俗称。天白橋の絵は高力猿猴

庵の『東街便覧図略』に見える。

天王社　てんわうのやしろ　てんわうしや　笠寺町下新町二九

『張州府志』に「惣光天王祠」とあり、『尾張志』に「新宮天王社」とある。『尾張徇行記』に、

当社ノ草創ハ村ノ南ニ神宮ト云所アリ　其地ニ小祠アリ　明応元年天下疫癘流行シテ人民悉ク悩メリ　因テ祈願ノ為ニ神幣菅曽ナト海辺へ流シ来レルト也

とあり、明応元年（一四九二）より前に鎮座した。

ここに当社が御葭を流したとの記事がある。江戸時代津嶋天王（津島神社）、須成の富吉天王（海部郡蟹江町、富吉建速神社）、天王崎天王（中区洲崎神社）、戸部の蛇毒天王（南区、富部神社）では祭に御葭（みよし）を流した。鳴海潟の沿岸の各地に流れ着き、着岸の村では盛大に着岸祭を執行つた。

『千代倉家日記抄』安永十年六月廿一日条に、

一　今夕笠寺御芦天王流着、

と鳴海村へ流れ着いた記事がある。

東海道　とうかいだう

『東海道宿村大概帳』の笠寺村の条に、

此村往還通長五百三拾八間之内、家居六丁拾七間有之、其余は並木也

とある。『尾張国愛知郡前浜村誌』に、

北方同郡千竈村堺ヨリ　東方同郡鳴海村堺ニ至ル　其長拾弐町二十七間　幅三間　並木処々ニ疎生ス

とある。

明治初年以降の字名では、戸部村境より、

北側　西ノ門　上新町　下新町　七反田　赤坪　砂口　川田

南側　西ノ門　上新町　下新町　柚ノ木　砂ノ口　丸ノ内

西ノ門の通行人の有様は高力猿猴庵『笠寺出現宝塔絵詞伝』に描く。

徳願塚　とくぐわんつか　笠寺町下新町一

『張州府志』以降の書に記す。『尾張名所図会』に、

同村の南、海道の傍にあり。むかし笠寺の民家火災ありしが、其時行脚の

徳願塚

旅僧徳願なる者、里中に休息してありしを見て、彼が放火せしかと疑ひ、終に之を捕へて官に訴へ、死刑に処せしが、実は徳願が所為（しわざ）にあらざれば、其霊鬼たゝりをなせし故、此墓を築きて弔ひしよしいひ伝へ、今瘧（おこり）をやむもの、此塚にいのれば必験（しるし）あり。

とある。文政十年（一八二七）『尾張八丈』の「徳願塚」の条に「駅道之傍　枯樹有り」とあり、塚に生えてゐた枯樹を述べる。

安政五年（一八五八）細野要斎は『感興漫筆』に、

笠寺村を経、村の東南辺石地蔵ある所より右折して知多郡街道に入、

とあり、現在と同じく塚は無く石地蔵のみあつたやうだ。東海道から分かれる知多郡道の右側の角、自転車屋の横に覆殿に入つた地蔵がある。

鳥居山　とりゐやま　鳥山町二丁目

加具土社が鎮座する。七所神社が鳥居山に創建された由が『愛知県神社名鑑』、『南区神社名鑑』に見えるが、神輿（みこし）山の誤。『尾張徇行記』の七所神社の条に、熱田神輿を星崎の地に移して祈願したとあり、笠寺村の地ではない。『尾張年中行事絵抄』に「星崎の神輿山に宿院（おたびしよ）有」とあり、『名古屋市史　風俗編』に、

承平中、熱田の神輿を出して誅伏を繰りたるは星崎の地なり。

とある。

中切　なかのきり　笠寺町字中切

『尾張徇行記』に、

村中七組ニ分ル、松本・西ノ門・大門・新町・中切・市場・迫間ト云、

とあり、『天保十二年笠寺村絵図』に、これら七組を郷字とし、他を字とする。「中切」は『名古屋土地宝典　南区東部』に「中ノ切」とある。

長墓　ながはか　前浜通七丁目

名鉄線路の東側、本笠寺駅の敷地となり、昭和三十二年に笠寺の墓場へ移つた。

『天保十二年笠寺村絵図』に「墓所　弐反五畝歩」とある。『尾張国愛知郡前浜村誌』に「東西十四間　南北一町零九間　面積九百六拾六坪」とあり、南北に長かつた。『名古屋土地宝典　南区東部』に字松東五八番地で、三

鳥居山　昭和四十五年

反二畝六歩とある。

中井筋　なかゐすぢ

『張州府志』に「中井渠」とあり、『尾張志』に「中井川」とある。中井筋全体については『尾張徇行記』に、

此井筋ハ上ノ八事山ヨリ涌出ス、旱（ヒデ）リニモ此水涸ルヽ事ナキ由、井組ハ八事村中根村山崎村新屋敷村桜村笠寺村本地村水袋新田ナリ

とあり、笠寺村内については『尾張国愛知郡前浜村誌』に、

北方同郡千竈村境ヨリ来リ　南流シテ南方同郡本星崎村境ニ至ル　其長七町零八間三尺　幅四間　但用悪両水ニ属ス

とある。汚水を悪水と云ふ。元禄三年（一六九〇）『東海道分間絵図』に川と橋とを描く。

名古屋臨海鉄道　なごやりんかいてつだう

笠寺駅を始発駅とする貨物鉄道線。昭和四十年一月会社設立、九月営業開始。本線は

中井筋

笠寺駅、東港駅、名古屋南貨物駅、知多駅。側線は船見町駅、汐見町駅、昭和町駅、名電築港駅。一部は休止。機関車十輌を保有し、一日に定期列車二十四本、臨時列車二本を運行する。

縄境　なはさかひ　砂口町

『尾張徇行記附図』、『愛知郡村邑全図　笠寺村』の「田字砂ノ口」と本地村との境界に「縄境」とある。縄を張って境界を決めたもの。笠寺村と本地村との境界である。

鍋弦　なべつる　鶴里町、明円町東部天白川添

古く天白川は蛇行してゐた。川の流を直線化した後、西岸に鍋の鉉（つる）（弦）の形で張出してゐた鳴海村の地を云ふ。本地村にもあり、下鍋弦と呼び、こちらは上鍋弦と云つた。桜村の前と云ふ事で桜前とも云つた。明治初年に村境整理をし笠寺村字鍋弦となつた。

寛永十九年（一六四二）開発の午新田で、畑一町四反七畝四歩。

並木　なみき

東海道の並木の惟持管理は『東海道宿村大概帳』に、

往還並木は尾張藩で、家並の分は村方でとある。笠寺村内については同書に、

村内　左側　百壱間　　右側　百六拾壱間　笠寺村

とある。

西ノ門　にしのもん　笠寺町字西之門

『尾張徇行記』に、

村中七組ニ分ル、松本・西ノ門・大門・新町・中切・市場・迫間ト云、

とあり、『天保十二年笠寺村絵図』に、これら七組を郷字とし、他を字とする。

仁王池　にわういけ　笠寺町字中切一

笠寺観音より南へ延びる郷中道と古東海道浜道とが交叉する東北角に所在した。『尾張志』に見え、『尾張国愛知郡前浜村誌』に、

東西　六間三尺　南北　拾八間五尺　周囲壱町四拾間

とある。面積は二九一・九六坪。『尾張名所図会』の「笠寺　観音塚　仁王が池」に絵がある。埋立てられた。

名の由来は『尾張徇行記』に左の通りある。

従来コヽニ仁王門アリシ故ニ俗ニ二王堂ノ池ト申請伝ヘリ

乗合自動車　のりあひじどうしや

昭和三年十二月に愛知電気鉄道が東海道に乗合自動車を走らせた。主な停留所は熱田駅前、呼続山崎橋際、笠寺西門、鳴海駅前、有松裏駅前で、十二人乗の国産の車輌を用ゐた。昭和十年以後はこの路線を名鉄自動車が運行した。

昭和二十四年に定員四十人の大型車輌を用ゐて、鳴海駅、名古屋駅間直通乗合自動車が開通した。鳴海駅前より東海道を通つて笠寺西門まで行き、市民病院、尾頭橋を経て名古屋駅に到る。一日六往復、鳴海駅より笠寺西門まで五円の乗車賃であつた。

大東亜戦争前に名鉄自動車が、笠寺―熱田―大江駅前の路線を運行した。

乗合馬車　のりあひばしや

実際には明治三十五年頃より走つたが、明治四十一年熱田に本社を置く愛知共同馬車会社が登記した。熱田は熱田神宮の西に馬車小屋があり、停留所であつた。東海道を走り、山崎橋、笠寺観音、鳴海、鳴海村字鎌研の鳴海一里塚に停車し、前後まで走行した。

明治四十三年には、

熱田西門前の発車時刻　始発午前六時三十分　終発午後六時三十分　一日十六便
運賃　熱田―笠寺　八銭　　笠寺―前後　十銭
六人乗貸切運賃　熱田―笠寺　六十銭　　笠寺―前後　一円二銭

廻間　はざま　笠寺町字迫間

『尾張徇行記』に、

　村中七組ニ分ル、松本・西ノ門・大門・新町・中切・市場・迫間ト云、

とあり、『天保十二年笠寺村絵図』に、これら七組を郷字とし、他を字とする。『尾張旧廻記』に市場、松本、迫間を枝郷とする。「廻間」と「迫間」とは同意で、共に用ゐられた。

東笠寺駅　ひがしかさでらえき　粕畠町二丁目

　愛知電気鉄道は大正六年三月に神宮前、井戸田、南井戸田、呼続、桜、笠寺駅を開設し運行した。五月には本星崎、鳴海、有松裏駅を開設し運行した。

　東笠寺駅は本笠寺駅と本星崎駅との間の駅で、昭和十九年頃休止した。

　筆者は一度だけ祖母に連れられて乗つた事がある。鳴海から本笠寺駅まで電車に乗り、笠寺観音参拝の後、南に歩き、七所神社南の東笠寺駅から乗車した。記憶が鮮やかなのは無人駅であつたのが珍しかつたからだと思ふ。歩廊があるだけで他に何も無かつた。周りは畑のみ。

　昭和二年十二月に東笠寺駅から鳴海駅までを複線化した。大正十二年には東笠寺駅は無かつたのでその後昭和二年までに開設したのであらう。

ふたつや　笠寺町字下新町辺

万治四年（一六六一）刊『東海道名所記』に、

　鳴海より宮まで二里半十町　中嶋橋あり、田畠橋長さ十五間　左のかたに天龍の宮あり　ふたつや転輪山龍福寺ハ観音の霊場なり　笠をめしたる観音の木像おはします　此故に世に笠寺と名づく

とある。「天龍の宮」は拙著『緑区郷土史』（鳴海土風会）で本地村の星の宮と推定した。同書に「ふたつや」を考証した。本文からは天白橋から笠寺観音までの間の地名となる。

　天白橋と笠寺観音との間に一里塚がある。一里塚の西は時代が遡るほど人家が少なかつたであらう。元禄三年の『東海道分間絵図』には東海道の南北共に一里塚より

西に離れた所まで人家を描く。宝暦二年の『東海道分間絵図』には一里塚まで人家を描く。文化三年『東海道分間延絵図』、天保十二年「笠寺村絵図」、弘化四年『笠寺村絵図』に拠ると、東海道の北側は一里塚まで、南側は一里塚より東の知多郡道まで人家が続き、時代が降ると人家が拡がつた。それより東方には人家が無い。

笠寺観音の前に立場があり、この辺は古い頃から人家が密集してゐたと思はれる。東の一里塚の方は明暦、万治より前は人家が続かず、笠寺観音と一里塚との間に離れた家が二軒あつたのであらう。その後「ふたつや」（二ッ屋、二ッ家）を含めて人家が続き、実体の無い地名が使はれなくなつたのであらう。この地に程遠からぬ桶狭間の字高根に『天保十二年桶廻間村絵図』に拠ると「二ッ屋」の字名があつた。

「ふたつや」は笠寺観音と一里塚との間に家が離れて二軒あつた所である。

舟着場　ふなつきば　笠寺町字下新町辺

『尾張旧廻記』の「鳴海渡」に、

　　里民の説に笠寺村天王社の東の坂を狐坂と云ひ此所ゟ三王山の下の間さして鳴海わたりと云ひしとそ

とあり、狐坂の下が舟着場であつたことになる。

本城町遺跡　ほんじやうちやういせき　本城町一丁目他

弥生時代の土壙(どくわう)（土の穴）が二十基あり、その中七基を調査した。長さ四・五～五・五米、幅一・二～一・五米、深さ約一米で、細長い楕円(だえん)形であつた。人はこの中に葬られた。土器は高坏(たかつき)、壺、甕(かめ)などが発掘された。

松池　まついけ　笠寺町字姥子山一五

『尾張志』に「松池」とある。『尾張国愛知郡前浜村誌』に、

　　東西　二拾六間二尺　　南北　三拾七間
　　周囲　二町零六間四尺

とある。埋立てられた。『尾張徇行記』の松本池が古称。

松本　まつもと　松池町　松城町

『蓬州旧勝録』に、

　　村中七組ニ分ル、松本・西ノ門・大門・新町・中切・市場・迫間ト云、

とあり、『天保十二年笠寺村絵図』に、これら七組を郷字とし、他を字とする。『尾張旧廻記』に市場、松本、廻間は枝郷とする。

松本地蔵　まつもとぢざう
松城町三―四九
　地蔵の道標で正面に「右あつた　左新田道」、右側に「右しんでん　左知多郡」、左側に「明治三十二年」と刻まれてゐる。新田道は西方の新田への道で、又兵衛新田を通る。

松本地蔵

前浜通　まへはまどほり
　前浜塩田があつた事に因む。

丸之内　まるのうち　砂口町
　天白川の天白橋の西南の地。東海道の南、天白川の西。天白川の堤の改修以前は流が蛇行してゐた。工事終了後天白川の西方になつた。明治初年の村境整理で笠寺村地の字丸ノ内となつた。
　東海道沿は本田で、田が多く西寄は畑であつた。南部は鳴海宿本陣西尾伊右衛門が寛文九年（一六六九）に開発した伊右新田で、田八反三畝十五歩、畑五反四畝十歩であつた。

本笠寺駅　もとかさでらえき　前浜通七丁目
　大正六年三月愛知電気鉄道が単線で開業し、神宮前、井戸田、南井戸田、呼続、桜、笠寺駅が開設された。五月には本星崎、鳴海、有松裏駅が開設された。
　昭和十八年六月国鉄東海道本線に笠寺駅が新設され、本笠寺駅と改めた。昭和三十四年十一月南方の現在地に移設し、上下副本線、地下道、地下通路を設けた。

六　本地村　ほんぢむら

一　本地村の概況　『尾張徇行記』に拠る

寛文年間　戸数　弐百六戸　人口　千百十九
文政年間　戸数　弐百六十九戸　人口　千五百十八
元高　三百六十二石五斗八升四合
概高　五百三十五石一斗七升一合
田　十三町三畝四歩
畠　十七町二反二畝五歩

二　本地村の史跡

阿原堤　あはらつつみ

知多郡道の一部。本星崎駅より南へ延びる道。石神社附近の道は信長が築いた堤の上の道だと云ふ。「阿原」は深い泥田。南野村の「阿原」参照。

青峰山　あをみねさん　本星崎町字町四八〇

正覚寺の境内覆堂の中に祀る。元は大江川上流の三ッ又堤防北側にあり、伊勢湾台風後に正覚寺に移された。

石之元江　いしのもとえ　浜田町四丁目辺

『愛知郡村邑全図　本地村』に「石之元江　幅三間」とある。中井筋の川口に近い入江である。

磯ノ道　いそのみち　石元町　道全町

『弘化三年村絵図』に「磯ノ道」の記入がある。堤の上にあつた道で、字西田面、字前田の西端の南北の道であつた。明治時代以後の字名では字前田、字西田、字西中の西端になる。

稲荷社　いなりのやしろ　弥次ヱ町三丁目辺

『弘化三年村絵図』に「稲荷社　弐畝六歩　御除地」とある。今は無い。

大江川　おほえかは

『尾張国愛知郡誌』の大江川の条に、

本星崎村ト前浜村トノ間ニ於テ中井川等ノ諸悪水ヲ聚合シ、始テ本川ヲ為シ、直ニ西流シ、星崎村字大江ト本星崎村字豊宝トノ間ニ於テ内海ニ注ク。長凡廿壱町、幅拾八間乃至廿四間

とある。昭和五十五年に暗渠になつた。

海隣寺　昭和四十四年

海隣寺　かいりんじ　本星崎町字大道四一四

真宗高田派清涼山。本尊阿弥陀如来。

『尾張国愛知郡誌』、『愛知郡誌』に真宗大谷派とするのは『寛文村々覚書』に「高田宗」とあるのと照合すると不審である。旧称は星崎道場で、永禄六年（一五六三）に海隣寺に改めた。

『尾張徇行記』、『尾張国愛

知郡本星崎村誌』に草創の年代不詳とする。『寺院明細帳』に、

　文明九年七月導言法師建立

とある。

郷蔵　がうくら

『尾張徇行記』に、「一　蔵屋敷二畝十一歩　前々除」とある。場所は不明。

『地方品目解』に、

　郷蔵　是は、村方にて蔵を建置、村中之年貢米を
　　庄屋に取集納置、夫より名古屋御蔵に運送仕候

とある。

高札場　かうさつば　星崎町字大道

『尾張徇行記附図』、『愛知郡村邑全図　本地村』の社宮司の南、道の西側に「高札」とある。『寛文村々覚書』に「一　吉利支丹御制札有」とある。第三部　高札　参照。

庚申塚　かうしんつか　石元町一丁目辺

『弘化三年村絵図』村の南、字前田の西端、中井筋岸の東側に「庚申塚」とある。今は無い。

庚申の夜に三尸（道教で人の腹中に居ると云ふ三匹の虫。庚申の夜に眠つてゐる人の身体から抜出し、その罪悪を天帝に告げると云ふ）の難を免れる為、仏教では青面金剛を、神道では猿田彦を祀る塚。牛毛神社境内には庚申塚が現存する。

郷中道　がうなかみち

『尾張国愛知郡本星崎村誌』の郷中道の条に、

　前浜村境ヨリ字町ニ於テ又知多往還ニ合フ　其長四
　町五拾七間三尺　幅壱間弐尺

鳥居山の西、神輿山の西、星の宮の前を通る。

幸蓮寺　昭和四十四年

幸蓮寺　かうれんじ　本星崎町字宮西六四二

真宗高田派白色山。本尊阿弥陀如来。

『尾張徇行記』に草創の年代を記さず元禄十一年（一六九八）本地村へ易地とのみ記す。

『鳴海壇聖徳皇院実績録』、『鳴海寺縁起』に、

　蓮乗坊ハ天正十四年三月本多三郎順栄開基

とあり、慶安四年（一六五一）星崎村門徒の請願を許すとある。鳴海村萬福寺境内にあり、本地村に移転した後に蓮乗坊から幸蓮寺と改名した。従つて蓬左文庫蔵『桶峡間圖』に「蓮乗寺」とあるのは「蓮乗坊」が正しい。

軻愚突知社　かぐつちのやしろ　本星崎町字寺坂七二六

軻愚突知社

神輿（みこし）山の頂きにある秋葉社。今の宗教法人名は軻愚突知社である。明治初年の『神社収納高仕訳帳』に「秋葉社」とある。『弘化三年村絵図』に、

神輿山　秋葉社　弐畝十歩　御除地

とある。将門調伏塚の跡に建立したのであらう。

組　くみ

『弘化三年村絵図』に四つの組を記す。

大道　だいだう　村の東南
田古屋　たこや　村の中央西寄り
迫間　はざま　村の北の中央
町　まち　村の中央南寄り

七面池　しちめんいけ　本星崎町字宮西六二〇

『尾張名所図会』に、

承平年中平将門誅戮（チウリク）御祈の為に、熱田の神輿を此地に振出し奉りしに、忽ち七里光をたれ、池中に輝きしかば、其池を七面池と号し、御手洗池とせしよしいひ伝へたり。

とある。これは星の宮の『星崎縁起』に拠る。

七面塚　しちめんつか　本星崎町字寺坂七二六

『尾張徇行記附図』、『愛知郡村邑全図　本地村』に神輿山の脇に「七面塚」とある。『尾張徇行記』は『張州府志』に神輿塚とあるのは今神輿山と云ひ、塚は七面塚と云ふとある。『尾張志』は「神輿塚」と「将門調伏塚」との二つの塚が本地村にあると記す。これは「神輿塚」は神輿山全体を指し、「将門調伏塚」は神輿山の上にあった廻り七間斗の山（塚）を指すと考へられる。

将門調伏塚は七面塚の別名。蓬左文庫蔵『星崎古城絵図』に「みこし山」の中央に「てうふく山」とある。七面池が将門と結び付くので七面塚も当然将門と結び付く。

十王堂　じふわうだう　石元町一丁目辺

十王とは冥土に居て亡者を裁くと云ふ十人の王。秦公王、初江王、宋帝王、伍官王、閻魔王、変成王、泰山府君、平等王、都市王、五道転輪王。十王の像を祀るのが十王堂。

鳴海町字作町の如意寺に十王堂があり、十王像を安置してゐた。今は十王像を弘法堂に置く。名東区の明徳寺の十王像は名古屋市指定文化財であり、如意寺の十王像はこれに次ぐ。

『尾張徇行記附図』、『愛知郡村邑全図　本地村』には正覚寺の北（本星崎町字町）に描く。『弘化三年村絵図本地村』には字前田の北端で中井筋の南岸沿に描き、移転した。

塩付街道　しほつけかいだう

荒井村が起点であらう。南野村を経て星の宮の西まで北上し、神輿山の西を通つた。

塩浜　しほはま

『尾張徇行記附図』、『愛知郡村邑全図　本地村』に拠ると、本地村の塩浜は字小曲輪新田の北、字あら浜、字古浜にあつた。『弘化三年村絵図』には見られない。

『寛文村々覚書』に、

一　塩浜　弐拾三町九反六畝三歩

一　塩屋　弐拾壱軒

『尾張徇行記』に、

塩浜反数　十六町八反六畝十六歩

安永六年（一七七七）　塩浜　五町七反一畝十四歩

正覚寺　しやうかくじ　本星崎町字町四八〇

曹洞宗海雲山。本尊十一面観音。

鳴海瑞泉寺九世の剛庵和尚が天文元年（一五三二）創建した。境内に青峰山が祀られてゐる。

山門は東海道鳴海宿の唯一の脇本陣（二つとする諸書は『東海道宿村大概帳』の誤を引続ぐもので不可）銭屋の門を移した。貴重な文化財であつたのに取払ひ新たな門に建替へたのは甚だ心残りである。鳴海の東福院では天正十八年（一五九〇）に廃城となつた鳴海城の建材を四百二十年以上も山門に保存してゐる。見倣つてほしかつた。『名古屋区史シリーズ　南区の歴史』の本地村の条に正覚寺のみあり、海隣寺が無い。これは「海雲山」は正覚寺の説明であるけれど、「高田宗」以下「改めたという」までの二行分は誤つて海隣寺の説明であるのを続けた為で、繙読には十分の留意を望む。

石神社　しやぐじのやしろ　星崎町字阿原二二一

『尾張徇行記附図』、『愛知郡村邑全図　本地村』に「社宮司」、『東海道分間延絵図』に「社宮神」とある。「社宮司」は「しやぐじ」と読むのが普通であるが、漢字、発音共に、社口、三狐神、斎宮、石神など、「しやぐうじ」「しやごじ」「しやぐち」など異同が多い。

信濃国の諏訪社より古い神が洩矢神（もれやかみ）で「みしやぐち」と呼ばれる神々を統括し、諏訪社の神長官守矢氏が奉祠した。社宮司の本源は茅野市高部の守矢家近くにある。

石神社　昭和四十六年

非常に古い信仰だけに祭神など不明とする神社が多いが、信濃国には千余社もあり、尾張国に百七十社、三河国に百三十二社。名古屋に三社ある。荒井村にあつた。

杓子を供へる事があるのは「しやぐじ」から「しやくし」に転訛した。元は三つ又にあり、移つたと云ふ。読物「しやぐじ」参照。

善住寺　ぜんぢゆうじ　星崎町字寺坂六七〇

浄土宗法王山。本尊阿弥陀如来。

『尾張徇行記』に拠ると、初め西光坊と称し、慶安四年（一六五一）善住寺と改号したとある。創建は『尾張志』に弘安年中（一二七八―八八）とあるものの、『成海壇聖徳皇院実績録』には長享二年（一四八八）とある。本堂は享保十八年（一七三三）の再建。

大道　だいだう　本星崎町字大道

『尾張徇行記』に、

一　此村ハ一村立ノ所ニテ四組ニ分ル　上ハ迫間
田古屋　町組　大道組ト云フナリ

とある。

大道の辻堂　だいだうのつじだう　本星崎町字大道四一一

道端に覆堂があり、中に地蔵が安置してある。石仏は大小二つがある。

田古屋　たこや　本星崎町字西田

『尾張徇行記』に、本地村の四組の一つとして、

此村ハ一村立ノ所ニテ四組ニ分ル　上ハ迫間　田古

屋　町組　大道組ト云フナリ

とある。明治時代以降の字名は西隣の字西田に含めて公式の字名でなくなつたが今も使ふ。字西田の西に字田古屋先があつた。池田陸介『南区の地名』に

古い地名で田小屋と同義語か。

とある。「古屋」は「小屋」の宛字で、鳴海の字根古屋は鳴海城の城下村であり、「根小屋」が語源であるが、「根古屋」と宛てる事が多かつた。「名古屋」も語源は「名子屋」か。

立切　たてきり　石元町一丁目辺

『弘化三年村絵図』の中井筋下流、字前田と字西田面との間の橋に「立切」とある。『地方品目解』に、

立切（タテ）　是は、用水を懸候とて川中に柱を建、戸を附け水をせき留め候を申候。

とある。

知多郡道　ちたぐんだう

『尾張国愛知郡本星崎村誌』に「知多往還」とあり、

前浜村境ヨリ南方同郡星崎村界ニ至ル　其長七町十二間壱尺八寸　幅壱間三尺

とある。中井筋の丸池橋より石神社に到る。

長命井　ちやうめいゐ　本星崎町字宮西五八四

『張州府志』の「長命井」に、

土人相伝。昔有㆓随円比丘尼者㆒。構㆑堂奉㆓薬師仏㆒。甚崇㆓敬之㆒。随円寿一百三十有六歳而卒。此井即随円比丘尼宅址所㆑在也。因得㆓此名㆒。

土人相伝フ。昔随円比丘尼ナル者有リ。堂ヲ構ヘ薬師仏ヲ奉ル。甚ダ之ヲ崇敬ス。随円寿（よはひ）一百三十有六歳ニテ卒（シュツ）ス。此ノ井即チ随円比丘尼宅址在ル所ナリ。因リテ此ノ名ヲ得。

随円比丘尼が井の水を飲んで長命を保つたと云ふ故に名がある。松平秀雲『海雲山正覚寺薬師如来縁起』に、薬師堂の傍らに長命水があつた事、薬師仏は正覚寺に移した事、信長に纏る伝承などを書留めてある。

長命井

過日の家人の話。

近頃水が湧くやうになつて、多く水がある。井戸の中の上には瓦があるが底は桶となり、腐つてゐるので水は使つてゐない。

長命井の古事『小治田之真清水』

長命井の古事

二米程の長さの棒に付けた水汲み釣瓶(つるべ)があり、水面は地上から一米〜一米五十糎位。底まで随分深さうである。家の前面の凹状に引込んだ所に長命水があり、家の設計の際に配慮して史跡を保存してゐる訳ですばらしい。

『枕草子』第百七十二段に「井は」と云ふ段があり、平安時代の貴族に知られてゐた日本全国の九つの井戸を挙げる。この中で逢坂の関の清水一つのみが残る。

拙著『緑区郷土史』（鳴海土風会）「鳴海の名水」で取上げた九つの名水の中で、今も水が出るのは字乗鞍の弘法水と桜井戸とのみ、使はれずに遺構が残るのが字御添(おそへ)地(ち)の少将井、場所が確定出来るのが字三皿(みさ)の花井と云ったところで、他は場所の推定が出来るものや、不明なものである。

長命井は信長云々の伝承があり、最初は「一夜に地裂けて忽(たちまち)此泉涌出す」とも伝へ、貴重な存在である。

辻祈禱　つじきたう　笠寺町字迫間四七

歩道橋の西側の細い道の辻に「南無阿彌陀佛」と刻んだ石碑が東面してゐる。塩付街道の途中である。

加納誠『南区の歴史ロマンをたずねて』に、

　これは「辻祈禱」といって、村の集落へ外部から悪神や悪霊の侵入を防ぐためのもので、廻間組では毎年初午(はつうま)の日に大般若会(だいはんにゃえ)の祈禱が行われていました。

とある。

天龍の宮　てんりうのみや　本星崎町字宮西六二〇

星の宮の別称と考へられ、各種の道中記に見える。拙著『緑区郷土史』で考証した。『東海道名所記』に、

　鳴海より宮まで二里半十町　中嶋橋あり　田畠橋長さ十五間　左のかたに天龍の宮あり　ふたつや転輪山龍福寺ハ観音の霊場なり

とあり、天白橋から南方に天龍の宮があるとする。

『東海道名所記』は万治四年（一六六一）の出版であらう。明暦三年（一六五七）の『道中記』と同内容である。

『東海道分間延絵図』に天白橋より南方の神社として星ノ宮、社宮司、神明、社宮神を記す。社宮司、社宮神は小祠であり、神明は伊勢信仰であり、天龍と結び付かない。星の宮は天津甕星(あまつみかぼし)の神が祭神であり、天龍と強いつながりがあると認められる。

中井筋　なかゐすぢ

中井川とも云ふ。『尾張徇行記』に、

　此井筋ハ上ノ八事山ヨリ涌出ス、旱(ヒデ)リニモ此水涸ルヽ事ナキ由、井組ハ八事村中根村山崎村新屋敷村桜

村笠寺村本地村水袋新田
ナリ

『尾張国愛知郡本星崎村誌』に、

前浜村境ヨリ来リ　西流して大江川ニ入ル　其長拾壱町拾四間壱尺　幅四間

とある。丸池橋の北方、本城公園の東では露出してゐる。他は暗渠になる。

中井筋

鍋弦　なべつる　星宮町北部天白川添

古く天白川は蛇行してゐた。川の流を直線化した後、西岸に鍋の弦の形で張出してゐた鳴海村の地を云ふ。笠寺村にもあり、上鍋弦と呼び、こちらは下鍋弦と云つた。明治初年に村境整理をし本地村字鍋釣となつた。『愛知郡村邑全図　本地村』に「鳴海村控字なべつる」とある。『物類称呼』に拠ると虹の方言とある。海部郡や三重県員弁郡で使はれた。鍋の弦を虹の名に用ゐた昔の人の発想には感服させられる。

本地前とも呼んだ。承応二年（一六五三）縄入の巳新田で、田二反六畝十一歩である。

廻間　はざま　本星崎町字廻間

『尾張徇行記』には「迫間」とあり、

一　此村ハ一村立ノ所ニテ四組ニ分ル　上ハ迫間田古屋　町組　大道組ト云フナリ

とある。本地村の北端。笠寺村の南端に字迫間下があり、その南に当る。

宝生寺　ほうしやうじ

『寺社名録』、『寺社志』に「宝正寺」とあるものの、蓬左文庫蔵『桶峡間圖』、『張州府志』の「宝生寺」が寺名であらう。曹洞宗。春日井郡白坂雲興寺の末寺。今無し。

星崎　ほしざき

『張州府志』に星崎村は本地村、南野村、荒井村、牛毛村が属し、古くは山崎村、戸部村、笠寺村、本地村、南野村、荒井村、牛毛村を星崎七邑としたとある。

星崎を詠んだ和歌は拙著『東尾張歌枕集成』（なるみ叢書　第二十六冊　鳴海土風会）に収めた。

『塩尻』に、

星の社はむかし此所へ星落て石となりける故所の名

を得侍るにや

とあり、星石（隕石）が落ちたのが地名の起源とする。

『尾張国地名考』に、

〔里老曰〕星石といふあり　七八寸許の丸き石也
社壇の中に納むといふ

星崎城　ほしざきじやう　本星崎町字本城七六五

久野白鳳「星崎城」（「奈留美」（鳴海土風会）第十号）に、

星の宮神社は星崎城の地に鎮座してゐて、築城の折に現在地に移転したと云ふ。神社は高地に鎮座する事が多いので、首肯出来る伝承である。

『尾張志』に、

堀幅を除て南北三十四間
東西二十六間あり　城主
は岡田助右衛門直教　其
子長門守直孝　其弟伊勢
守善同　天正十二年甲申
三月より山口半左衛門重
勝
同十四丙戌年より同半兵
衛重政也

星崎城　昭和四十四年

城を築いた年代は伝わってゐない。

蓬左文庫蔵『星崎古城絵図』に城、堀、周辺の田畑、寺、みこし山などが描かれてゐる。これには本丸に当る所を南北拾七間半、東西四拾間とする。

城跡の地の西北から東南に掛けて堀割とし、愛知電気鉄道の線路が敷かれた。城跡の中央から西の部分は笠寺小学校が建ち保存されたのは幸である。線路から東の部分は煉瓦工場用の土として掘崩し、高地が平地となつてしまつた。

大東亜戦争後に名鉄電車で城跡を通つて外を眺めると最後に残つた東の岡を住宅用地造成の為に掘つてゐた。

星の宮　ほしのみや　本星崎町字宮西六二〇

『尾張志』の星ノ宮ノ社」に、

天津甕星（アマツミカホシ）神を祭るよし府志に見ゆ　社説に舒明天皇九年七星天降けるに神託ありて往古千竈の郷なる此処に初めて社を建て斎奉れりといへり

とあり、『尾張国地名考』に、

〔社説曰〕古へ天津甕星（あまつみかほし）此地の崎に影向（やうがう）す　此故に星崎と号く　〔星老曰〕星石といふあり　七八寸許の丸き石也　社壇の中に納むといふ

「影向（やうがう）」とは神の霊が具体化して現れる事で、「星石」

星の宮

星埼九浦うらら見及ひ
社次にうちて行て後竜
の浦を

　　　　　助及

若もか
きれ波うるま
　　けも
塩うるの
翔にうひく
汐一湾の浦

は隕石の和語であり、天津甕星の神が星石として世に現れ、実在してゐたとの伝へである。

　ところで本地村の南隣の南野村に寛永九年（一六三二）隕石が落ち、喚続神社の社宝として保存されてゐて、昭和五十一年の国立博物館の鑑定では日本最古の隕石であつた。今は直方隕石が最古と判明した為二位となつた。何百年の間隔があるにせよ、隣村に隕石が落ちるとは奇蹟である。

　天津甕星は『日本書紀』に見える神で、星神香香背男、天香香背男の別名がある。七星とあるのは北斗七星の信仰である。星の宮の紋章は北斗七星をかたどる。天龍の宮（大龍の宮とも）の別名があつた。

浜主社　昭和四十四年

　本殿奥の高地に上知我麻神社（祭神乎止與命）と下知我麻神社（祭神伊奈突知老翁真敷刀咩命）が鎮座する。

　乎止與命は宮簀媛命の父で、尾張国の初代国造。真敷刀咩命は宮簀媛命の母である。伊奈突智老翁は星崎に始めて土竈を築き、潮水を煮て塩を作る方法を教へた人として尊崇され祀られた。元は浜主社に祀られてゐた。

　熱田にある上知我麻神社、下知我麻神社につき、『尾張志』に、

　　此社はもと本地村あたりに座しけむを後此処に移し祭れるなるべし

とある。

星宮橋　ほしのみやはし　本星崎町字宮西

『尾張国愛知郡本星崎村誌』に、中井筋の橋で、長六間、幅二間、木製とある。暗渠になり今無し。

興治別命御墓　ほむたわけのみことおはか　本城町辺

永井勝三『鳴尾村史』に戸長役場の記録を引く。

　是ハ応神天皇ノ御子にて当村字坂上にあり。其の広さ二十歩ばかりにて、形上にては元は中高なる草生の古塚なるも、近来四方より開墾し畑となす。今はいささか塚の形状をなほ存せり。

右につき『鳴尾村史』は、

　字坂上は今の本城町の辺にて、笠寺縁起には坂野とある地と同一なり

品陀真若別命と申したかも知れぬ。その真若の二字

　が省かれて、転字書したのが誉治別命となって
とある。この御墓につき御存知の方はお教へを乞ふ。

本地通　ほんぢどほり

本地村の名に因む。江戸時代の塩浜、新田地帯を通る。

将門調伏塚　まさかどてうぶくつか　本星崎町字寺坂七
二六

『尾張志』の「神輿塚　将門調伏塚」に、

二処共に星崎本地村にあり　是は将門謀逆の時熱田
の神輿をこゝにふり出奉りて追伐祈禱ありし遺蹟也

とある。『尾張徇行記』に「神輿塚　土人今神輿山ト云」とあり、古称の「神輿塚」を後に「神輿山」と呼んだとする。蓬左文庫蔵『星崎古城絵図』に、

みこし山　南北五十間　東西十三間

とある山の上に丸い塚を描き、

此丸山てうふく山と申候　山のまわり七間斗申候

とある。

これに拠り考へると、「神輿塚」は山全体の称呼の故に後に「神輿山」と呼ぶに至り、「将門調伏塚」は「てうふく山」と呼ばれた神輿山頂上中央の山（塚）と云ふ事になる。「七面塚」は「将門調伏塚」の別名。

町　まち　本星崎町字町

『尾張徇行記』に、

一　此村ハ一村立ノ所ニテ四組ニ分ル　上ハ迫間
田古屋　町組　大道組ト云フナリ

とある。町は村の中央南寄りで、星の宮の南一帯。

松風の里　まつかぜのさと

拙著『枕草子及び平安作品研究』（和泉書院）「松風の里」で考証した。本地村の西海岸にあった。夜寒の里の北。『夫木和歌抄』雑部十三、里に、

題不知　懐中　まつかせの里　尾張
松かせのさとにむれゐるまなつるは
　ちとせかさぬる心ちこそすれ

が収められ、『歌枕名寄』の尾張国の部にも収める。

一　知多郡　大高村　名和村　横須賀村
二　愛知県星崎以外　熱田村　山崎村　戸部村　新屋敷村

の中で大高村を除き根拠が無く浮説に過ぎない。

三　星崎　本地村　牛毛村

では本地村が正当で、牛毛村は村の成立自体新しい。

大高村　永禄十年（一五六七）『富士見道記』

星崎　　文亀二年（一五〇二）『名所方角抄』から考へると、星崎の本地村西海岸近くが松風の里の本源で、大高は星崎から派生したもの。他の地は時代が降つた書にのみ見え、根拠が無い。第三部　松風の里　参照。

『一目玉鉾』に浜辺近く「松風の里」を描く。『塩尻』巻五十二の『尾南略図』に星崎庄の松風里を浜辺近くに描く。『尾張名所記』（『尾張大根』）も『名所方角抄』と同様な記述である。

松風の里の和歌は拙著『東尾張歌枕集成』（なるみ叢書第二十六冊　鳴海土風会）に収めた。

丸池　まるいけ　本星崎町字宮浦

星崎城の東南で、星の宮の東にあつたが埋立てられた。中井筋の丸池橋に名を残す。蓬左文庫蔵『星崎古城絵図』に池を描き、

池　此池水深く魚有之候留池なり

とある。中井筋沿にあつた。

神輿山　みこしやま　本星崎町字寺坂七二六

『尾張志』の「神輿塚　将門調伏塚」に、

二処共に星崎本地村にあり　是は将門謀逆の時熱田の神輿をこゝにふり出奉りて追伐祈禱ありし遺蹟也

とある。

神輿塚　『張州府志』『尾張名所図会』『尾張八丈』
神輿山　『蓬州旧勝録』『塩尻』『尾張徇行記』『張州年中行事鈔』『尾張年中行事絵抄』
御輿山　『尾張旧廻記』『熱田宮旧記』『熱田神事記』
輿山　『熱田宮雀』

「神輿」「御輿」「輿」は何れも「みこし」と読む。

蓬左文庫蔵『星崎古城絵図』に、

みこし山　南北五十間　東西十三間

と神輿山を描き、山の上に丸い山（塚）を描き、

此丸山てうふく山と申候
山のまわり七間斗申候

とある。「神輿塚」を「神輿山」と呼ぶやうになつたのと同じく、「（将門）調伏塚」を「てうふく山」と呼ぶに至つた事になる。七面塚は将門調伏塚の別名。

蓬左文庫蔵『本地鳴海古城之図』に南北四拾七間、東西拾五間とある。

神輿山

熱田の神輿を星崎にふり出した理由は久野園吉『松巨嶋』に、

天慶二年（九三九）平将門反乱の時、熱田神宮の神輿を、この星崎の地に遷し調伏の祈願をした。（この跡地が神輿塚といって今に言い伝えられて残されている）このことは、この地に熱田神宮の元宮があったので国家の重大事変であるため、かような未曽有の挙にでたものと推察されるのである。

とある。

御蘆天王社　みよしてんわうしや

『張州府志』に寛文十一年（一六七一）にこの社を建立したとある。他に記録が無く『尾張徇行記』は『張州府志』を引くのみ。場所は不明。「蘆」は「芦」「葭」とも。

江戸時代津嶋天王（津島神社）、須成の富吉天王（海部郡蟹江町、富吉建速神社）、天王崎天王（中区洲崎神社）、戸部の蛇毒天王（南区、富部神社）、笠寺の新宮天王（笠寺町字下新町、今無し）では祭に御葭（みよし）を流した。鳴海潟の沿岸の各地に流れ着き、着岸の村では盛大に着岸祭を執行つた。

これは本地村の波打際に流れ着いた御葭を祠つた。

本星崎駅　もとほしざきえき　星宮町

大正六年三月愛知電気鉄道が単線で開業し、神宮前、井戸田、南井戸田、呼続、桜、笠寺駅が開設された。五月には本星崎、鳴海、有松裏駅が開設された。

明治四十五年二月常滑線に星崎駅が開設されてゐたので、本駅は開設時から本星崎の駅名である。

山入杁　やまいりいり　本星崎町字大道

『尾張徇行記附図』、『愛知郡村邑全図　本地村』の本地村の東南端に「山入杁」がある。「杁」とは水門で、『地方品目解』に、

杁　杁は水之多少、堤之大小に応じ作り立、堤下に伏せ候而、用水、悪水を通し申候。

とある。

夜寒の里　よさむのさと

拙著『枕草子及び尾張国歌枕研究』（和泉書院）「夜寒の里」で考証した。本地村の西海岸にあった。

『名古屋市史　地理編』に十三件の説を挙げる。『名所方角抄』は文亀二年（一五〇二）と古い時代に鳴海潟の名所であるとし、最も信頼出来る文献である。これに、

星崎と云ハよひつきと鳴海との間也　東には隅有西南ハ海辺也　夜寒の里松風里ハ西よりに一むらあり　浦ちかく両所共にみえたり

とあり、天文二年（一五三三）『吾嬬（あづま）路記』に、

星崎むら有名所也　夜寒の里は星崎の西にあり　浦に近し　松風の里も夜寒の里に並へり　皆名所也

とあり、本地村西海岸に近い里である。

『一目玉鉾』に浜辺に近く北に「松風乃里」を描き、南に「夜さむの里」を描く。

『尾陽愛智郡南野保正行寺記』に、

夜寒里之民戸五六十許、茅屋比々於彼此、竈煙依々于且夕不知風気異他乎、何故称為夜寒也、雪之夜霜之暁肌膚起粟乎、衾裯潑氷乎、

とある。寛文五年（一六六五）書。第三部　夜寒の里参照。

呼続の浜　よびつぎのはま

『一目玉鉾』は本地村の西の浜を描き、北の浜を「よびつぎの浜」とし、南方に「松風乃里」、更に南に「夜さむの里」を描く。呼続の浜は鳴海潟の浜全体に云つたので本地村の浜も含まれるが、ここだけに云ふのではない。呼続の浜の一部として表示したと理解するのが正しい。

『愛知郡山崎村往還通小道図面』に、白豪寺の近くを「此辺呼続浦」とする。これは呼続浦を極めて狭く想定したものであり、『尾張徇行記』にも、

即其（白豪寺）アタリヲ喚続ノ浦又ハ浜トモイヘリ

とするが、限定するのは誤である。

『鳴海旧記』（なるみ叢書　第三冊　鳴海土風会）に

一呼続浦　是は鳴海潟之惣名にて御座候

とあり、鳴海潟全体に云つた。潟、浦は鳴海潟、鳴海浦と多く云ひ、浜は呼続の浜とするのが適当である。

呼継の浜は鳴海潟の浜を言ひ、厳阿の和歌からは熱田寄りの地と考へられて来たがそれは誤で、寧ろ種々の伝承は熱田から離れ、鳴海寄りの南区南部の地に多く残つてゐる。鳴海潟の浜全体について言つたものである。

呼続の浜を詠んだ和歌は厳阿上人の

なるみがた夕波千鳥たちかへり
友よびつぎのはまに鳴くなり

が勅撰和歌集の『新後拾遺和歌集』に収められて名高い。他にも多くの和歌があり、拙著『東尾張歌枕集成』（なるみ叢書　第二十六冊　鳴海土風会）に収めた。第三部　呼続　参照。

七　南　野　村　　みなみのむら

一　南野村の概況　　『尾張徇行記』に拠る

寛文年間　戸数　百九十五戸　　人口　千二百二十一
文政年間　　戸数　二百五戸　　人口　八百四十
元高　三百五十一石七斗八升三合
概高　四百九十三石三斗四升
田　十八町六反五畝二十三歩
畠　十二町四反十九歩

二　南野村の史跡

阿原　あはら　星崎町字阿原

南野村の旧地。『喚続神社記録書』に、

　阿波良田面（現阿原）に部落を移したが、後神明境地に引越し、一村を為し喚続神社を産土神として奉崇するに至つた。

とある。大高にも字阿原があり、深い泥田。
『図録農民生活史事典』に、

　堅い地盤の上に一米以上の深さで泥が堆積している土質。湿潤で泥が固まらず、上質の田地とされた。

とある。

阿弥陀堂　あみだだう　星崎二丁目四七

『寛文村々覚書』、『尾張志』や村絵図に「阿弥陀堂」とあり、『尾張徇行記』に「阿弥陀薬師堂」とあり、「薬師仏ハ山田重忠守本尊ノ由申伝」と由緒有るものと伝へる。享和元年（一八〇一）の『金明録』に名古屋南寺町法蔵寺での開帳の折、

　南野村薬師如来、山田次郎守本尊幷山田次郎夫婦の像、同指物、星崎へ星落て化したる石、唐思赤の仏画等、弘通有。

と公開された。星石が公開されたのが面白い。
前々除で古くからの堂であり、跡地に蒼龍寺を建てた。

市杵島社　いつくしまのやしろ　星崎一丁目二一三

『愛知県神社名鑑』に、

　祭神　市杵島姫命
　由緒　創建は明らかでない。領主山田治郎重忠の創祀という

とある。社名は『尾張国愛知郡星崎村誌』に「イツクシマ」とある。市杵島姫命は宗像（むなかた）三神の一柱で、安芸国の厳島神社に祀られる。祭神名は「いちきしまひめのみこと」である。神を「斎（いつ）き島」から「いつくしま」と呼んだ。

市杵島社　昭和四十六年

この社は「弁財天社」と云はれたが、仏教の神の弁財天と同じとみなされるからである。神仏分離以後は弁財天社の多くは厳島神社と改名した。

　山田重忠は鎌倉時代前期の武士で、尾張国山田郡山田庄の住人であり、南野村は領地であったと思はれ関係が深い。承久三年（一二二一）幕府軍に斬られた。

稲荷社　鹿島　いなりのやしろ　かしま　星崎二丁目九九

『愛知県神社名鑑』の由緒に、

　社伝に当村の蟹江久太夫が勧請創祀する。文久三癸亥年（一八六三）十月二十九日、蟹江久太管理するも明治五年七月布告により、据置を許可せらる。鹿の島稲荷社ともいわれるのは喚続堤の未だなき頃は星崎浦、鳴海潟一帯となりその中に鹿の島一島ありこの島に社ありし故なりという。

とある。この社は江戸時代の文書に見えず、公の記録としては明治十二年の『尾張国愛知郡星崎村誌』に「稲荷社」とあるのが最も古い。当地方で創祀の古い稲荷には鳴海の緒畑稲荷神社があり、室町時代の後期である。古くからの地名の「鹿（か）の島」を伝へてゐるので、この社の創祀は古い時代であらう。

稲荷社　昭和四十五年

　南野村の東の隣村鳴海村に「鹿嶋杁」「鹿嶋堤」があり、「鹿嶋（かのしま）」は天白川の東西に地名としてあつた。永井勝三『鳴尾村史』に、

　鹿島は鹿子島とも呼ばれ、天白川と扇川の流れがぶつかって沢が堆積し、当地の鳴海港、愛知海に最初に出来上った砂洲である。相当広い面積で天白川の東部にも及んだ。

とある。地名の語源は鹿の子斑（まだら）のやうに水面に砂洲が点在したのが最初で、後に一続きの島になつたのを云つたものであらう。

『笠寺星崎探史ハイキング案内　四ノ巻』（鳴海文化協会）の「久太稲荷」の項に、左を記す。

子供の夜泣をとめる効があると言われている。

父清彦の話に拠ると、昭和二十九年に「鹿の島稲荷」、「鹿の子島稲荷」の幟が立つてゐた由で、「かのしま」と「かのこしま」とは共に通用してゐた。

末社は秋葉社、神明社、八幡社、住吉社、文守社で、文守社は明治初年の星崎義校創設で建立され、明治十年字殿海道より移転した。

隕石落下之地塚　いんせきらつかのちつか　南三丁目一三三

東海道本線線路の西側、村上精機の東南角に塚があり、
塩田の里　星崎　日本最古イン石落下之地
昭和五十二年五月五日
と刻んである。寛永九年（一六三二）八月十四日に南野村の塩浜に隕石（星石）が落下したのを記念した。
従業員の話では、この辺に隕石が落ちたと云ふ事で社長が建てた由。

榎塚　えのきつか　星崎一丁目

荒川泰市他『喚続神社とその周辺　補遺』に、
○榎塚
南野村部落の南方、南前（現星崎一丁目　星崎診療所東）の人家を離れた田圃の真中に土砂を盛った約一アールの広さの塚があり、一本の榎の高木が植えられてあった。今は区画せい理されて、あとかたもないが、桶狭間戦図（三十頁）に示すごとく、南野村南部には海岸線に沿って、織田軍三百余名が布陣していたが、今川軍の攻撃に合い、五十余名が戦死した。整地のさい、この塚から多数の人骨が出た。これは恐らくこの戦いで死んだ兵を葬った塚であると推察される。

とある。喚続神社古文書に「榎古墓」とある。

大江川湊　おほえかはみなと
元塩町四丁目

中井筋を始め、各用水の水を集めて幅五十間の大江川となり、鳴海潟の海に流れた。近郷の年貢米や鳴海で造った酒などを湊から出荷した。

三つ又の別名があり、北東から流れ入る大江通りは川幅拾五間で、中井筋の水が北西から流れ入る北ノ江通りは川

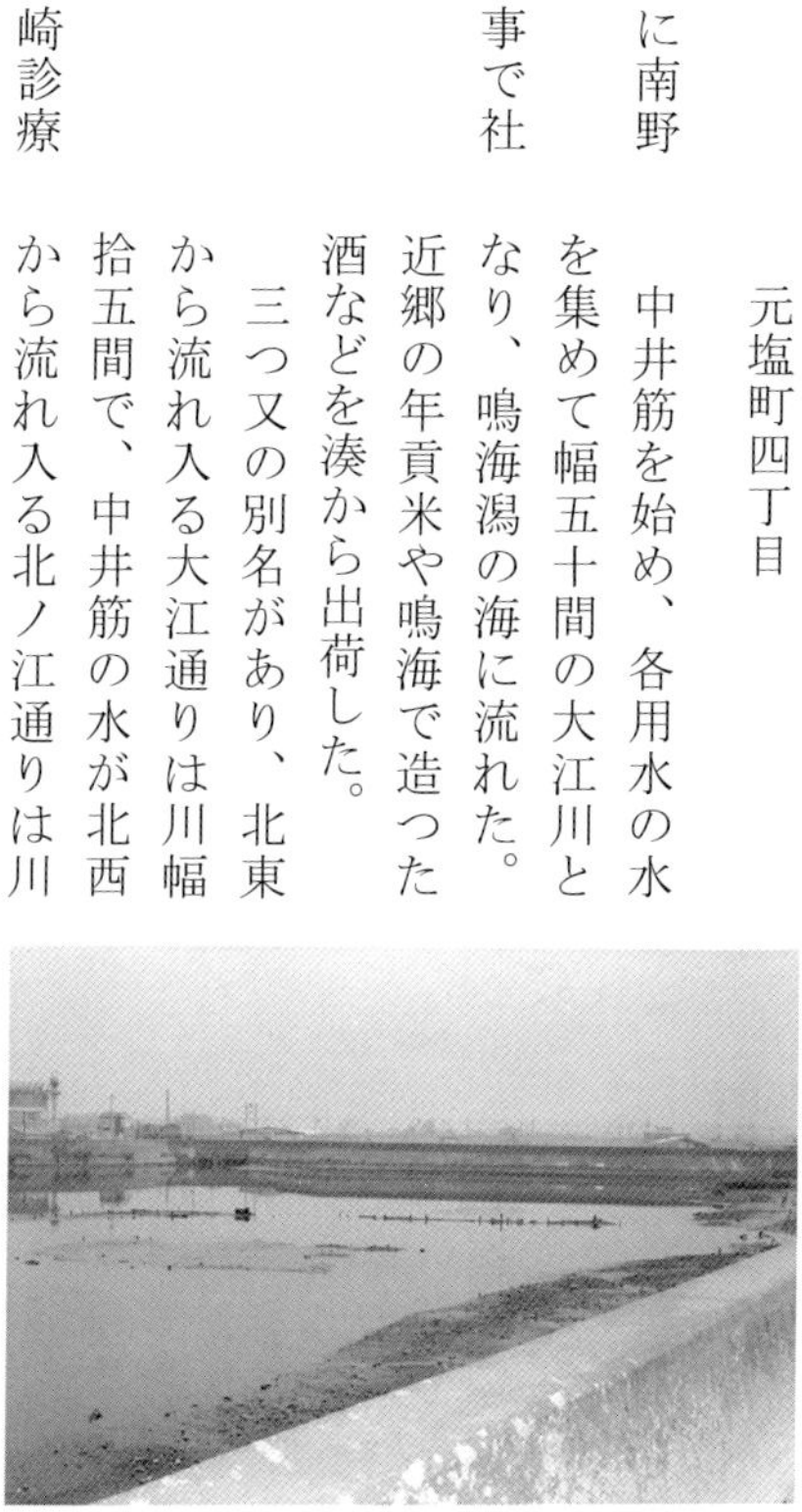
大江川港　昭和四十六年

幅五間で、西から枝江が流れ入った。

昭和四十八年から埋立てられ、昭和五十四年大江川緑地として整備された。

川田　川向　かはた　かはむかふ　鳴海町字南越

古く天白川は蛇行してゐた。川の流を直線化した後、東岸に残った南野村地を云ふ。『尾張徇行記附図　南野村』に「川田」とあり、『天保十二年南野村絵図』に「川向」とある。明治初年に村境整理で鳴海村地となり、南野村から越して来たとし「南越」（みなみのこし）の字名を付けた。段別十一町五反六畝廿五歩。東の端に南越川と云ふ用水が流れてゐた。

行者堂　ぎやうじやだう　星崎一丁目二一三

『尾張志』に「行者堂」とある。琵飛羅社の境内。

琵飛羅社の拝殿が行者堂である。『南区の神社をめぐる』に、

むかし拝殿前のお堂の中で、行者が修行をしていたとある。常夜燈には「大峯山」と刻まれてゐる。

池田陸介『南区の史跡』に、

拝殿があるが、宝形造の仏式である。今は見られないが役の行者を祀る行者堂で内部の梁・柱が、うるしで朱と黒に塗られている。また建物の各部には唐草文・滑巻文が彫刻され、

とあり、昔時は絢爛（けんらん）たる堂であったやうだ。修理されたので今は見られないけれど、堂が残ってゐるだけでも高く評価出来る。

荒川泰市他『喚続神社とその周辺』に、

荒廃し琴比羅神社拝殿に役（えん）の行者像を安置したが今はない。

由緒　天明七年（一七八七）三月二十七日に地鎮祭を執行した左記の棟札がある。

とある。琵比羅神社は天明七年二月二十八日の創立であるから、ほぼ同時に創建した事になる。明治時代前期までは大峯講が組織され、行者堂に参籠し、毎年夏には経験者が先達となり、大峯山の霊場へ出掛けた由。

昭和五十六年『航空住宅地図帳』には「行者堂」とだけあり、琵比羅社の記入は無く、行者堂の名で知られてゐた。

行者堂　昭和四十六年

昔は役の行者像が祀つてあつた。
当地方では古くから神仙思想が普及し、熱田東部には蓬莱山が築かれてゐたし、仙人塚は山崎村と桜村と鳴海村とにあり、行者堂（役の行者堂）は笠寺村にあり、鳴海村には二つも行者堂があると云ふ状況であつた。以前は牛毛村の地蔵堂にも行者堂があつた。

光照寺　くわうせうじ　星崎二丁目六一

浄土宗摂取山。本尊阿弥陀如来。

『張州府志』に、

相伝ッ。山田次郎重忠創二建之一。古為二高田宗一。慶安四年辛卯改宗。

相伝フ。山田次郎重忠之ヲ創建ス。古高田宗タリ。慶安四年辛卯改宗ス。

本書を始め、『尾張志』、『寛文村々覚書』、『小治田真清水』、『尾張徇行記』に移転の記事が無く、南野村で創建されたと考へられて来た。

しかし鳴海には『慶長十三年鳴海村検知帳』に「光正寺」があり、古くからの字名である。『大日本国郡誌編輯材料』（なるみ叢書　第四冊　鳴海土風会）に、

一　字光正寺ハ往古光正寺ト号ス寺アリ（今ハ星崎村ヘ移リ光照寺ト号ス）シ地ト申伝フ

とあり、星崎に寺が移り寺の名だけが地名に残つたとして伝へられて来た。戸部在住の荒川銀次郎氏も移転を聞いた事がある由。

鳴海から移転した話は星崎には無いのかと思つてゐたところ、『愛知県歴史全集・寺院篇』の光照寺の条に、

建保元年（一二一三）山田次郎重忠（清和天皇第六皇子貞純親王九代）が妻建昌院のため開基した。建昌寺といわれ鳴海神社の西北の地に在り

とあり、鳴海で開創した事を記してゐる。従つて鳴海村から南野村に移つた事は確かめ得た。しかし問題があり、

一　字光正寺は成海神社の南の地であり、西北ではない。西北は字三高根。

二　鳴海には建昌寺の名は全く残つてゐない。鳴海と山田重忠との結び付きが無く、重忠の妻建昌院の名を付けた寺の存在は確証が無い。

三　『鳴海寺縁起』に、星崎の「高正（光照）寺」は

光照寺　昭和四十四年

明応七年午六月山名四郎専精開基

とあり、山田重忠開基ではない。

鳴海村にある時は光正寺で重忠と関係が無かつたが、星崎に移つて建昌寺と改号して重忠と結び付けた。後年当所の寺名光正（光照）寺に戻した事が考へられる。

この寺は知多郡道の道沿にあり、観音堂がある。百観音と呼ばれ、百体の観音像を安置する。嘉永元年（一八四八）に百名の信者が寄進した。

弘心寺　こうしんじ　南野二丁目七〇

浄土宗　本尊阿弥陀如来

荒川泰市他『喚続神社とその周辺』

由緒　初めは観音堂と称し、天保十四年（一八四三）四月八日、八左ヱ門新田開拓者、福井八左ヱ門の遺志により、八左、繰出両新田の農民が西国三十三観音の分身（石像）を安置するため建立したが、後八左新田住民が弘法大師像を合安置、昭和二十六年現在地へ移転し、翌二十七年四月弘心寺を設立した。

弘心寺　昭和四十六年

琴飛羅社　ことひらのやしろ　星崎一丁目二一三

江戸時代の書に見えない。『南区神社名鑑』に、

天明七年此の地は喚続社境内外南にて文政四年に至り現在地に移り鎮座

とある。

讃岐国の金刀比羅宮に対する信仰で、金毘羅は新しい読である。海上守護、海難救護の神として諸国の船主、船頭に崇敬された。

名古屋市内には六社あり、神社数では十一位である。

蒼龍寺　さうりうじ　星崎町二丁目四七

浄土宗鎮西派　本尊阿弥陀如来

前々除で阿弥陀堂（阿弥陀薬師堂）があり、明治時代にも存続してゐた。明治三十二年東京深川の蒼龍寺を移して寺とした。

本堂は明治五年に建中寺の御霊屋の拝殿と合の間とを譲り受け、拝殿を外陣に、合の間を内陣に用ゐた。

領主山田次郎重忠の守本尊であつた薬師如来が名高く、『金明録』享和元年（一八〇一）条に、名古屋南寺町法蔵寺で開帳があり、左を記す。

　同寺にて、南野村薬師如来、山田次郎守本尊幷山田次郎夫婦の像、同指物、星崎へ星落て化したる石、唐思赤の仏画等、弘通有。

『名古屋市南区郷土誌』に、

　世人はお薬師様といっている。

とある。山門の右手に地蔵堂があり、石仏座像を置く。

塩浜　しほはま

天保十年（一八四〇）の『蓬左風土誌』の番付表に、「前頭　食塩の日本一　南野の塩」とあり、前浜塩の中でも高品質の南野村の塩は名産品であつた。南野村の塩浜は、

　『寛文村々覚書』　二十二町五畝歩
　『尾張徇行記』　十四町二反五畝二歩
　　宝永四年（一七〇七）

と面積が減り、享和三年（一八〇三）には新田になつた。『尾張徇行記附図』、『愛知郡村邑全図　南野村』に塩浜の記入がある。東海道本線線路の両側に当る。

正行寺　しやうぎやうじ　星崎一丁目七二

浄土宗鎮西派。称名山。本尊阿弥陀如来。

『張州府志』に、

　相伝。山田重忠創建之。旧為高田宗。慶安四年改今宗。
　相伝フ。山田重忠之ヲ創建ス。旧高田宗タリ。慶安四年今ノ宗ニ改ム。

とあり、信楽寺から慶安四年（一六五一）正行寺に改めた。荒川泰市他『喚続神社とその周辺』に建保五年（一二一七）の創建とある。

『成海壇聖徳皇院実績録』に、

　正行寺ハ文亀三年七月間瀬八郎円道開基

とある。

常徳寺　じやうとくじ　星崎一丁目八三

　真宗高田派法輪山。本尊阿弥陀如来。

『尾張志』に、

　下野国芳賀郡高田宗専修寺三世顕智上人造立のよし也　文亀の頃身まかれる衆誓を中興開基とす

とあり、『寺院明細帳』に、

　一　由緒　文亀元年衆誓

常徳寺　昭和四十六年

開基

とある。顕智上人は弘安（一二七八―八八）頃の人。

丹後江通り　たんごえとおり　鳴尾町丹後江

『幕末村絵図』に「丹後江通り　川幅四間」とある。北は「塩浜字南前　荒浜　八左ヱ門新田　操出新田」があり、南は「牛毛荒井村水浜子新田　鳴海伝馬新田　源兵衛新田」がある。

地蔵堂　ぢざうだう　星崎一丁目六四

小屋の左側一部が地蔵堂になつてゐる。座像の石仏地蔵が東面する。

地蔵堂　ぢざうだう　星崎一丁目八三

北組の地蔵として井戸があつたが、井戸は無くなつた。座像の石仏地蔵が北面する。昭和二十七年に地蔵堂を再建した。

地蔵堂　ぢざうだう　星崎一丁目一七六

座像の石仏地蔵が西面する。井戸は無い。

地蔵堂　ぢざうだう　星崎一丁目二一三

琵飛羅社境内に座像の石仏地蔵が東面する。堂内の掲示に拠ると、延命地蔵尊として天保九年四月に建て、現在の地蔵尊は嘉永六年のもの、堂は平成元年八月改築、とあり、星崎一丁目南部公民会が管理してゐる。

知多郡道　ちたぐんだう

『尾張国愛知郡星崎村誌』の「知多往還」の条に、

北方同郡本星崎村境ヨリ南方同郡鳴尾村境ニ至ル

其長八町四拾間二尺　幅二間　並木ナシ

とある。本地村の社宮司から南に延び、光照寺の前を通り、荒井村に向ふ。

天王社　てんわうしや　星崎一丁目一四八

『寛文村々覚書』に、

一　社壱ヶ所　内ニ神明　天王　当村禰宜　宮内持

分　社内弐反歩　前々除

とある。『張州府志』の

神明祠　天王祠　倶在南野村　山田次郎重忠建之

神明祠　天王祠　倶ニ南野村ニ在リ　山田次郎重忠之ヲ建ツ

に拠ると神明（喚続神社）と天王とは別々の社と受取られる。これについて荒川泰市他『喚続神社とその周辺』

に収める記録に、

　延宝天和　津島牛頭天王の御芦が流れ着き天王社を境
　　　内に祀る
　後年　　別に一社を設け、共に天王社と祀る
　元文二年　天王二社を一社に合祀

とし、現在境内末社の新宮天王社は延宝三年六月に御芦着岸し建立したとある。喚続神社の他の末社に比べると、社殿が一廻り大きく重んじられてゐる。

殿海道　とのかいだう　星崎町字殿海道

　南野村の字名。『尾張徇行記附図』、『愛知郡村邑全図南野村』、『幕末村絵図』に「字殿海道」とある。知多郡道。

　『天林山笠覆寺（笠寺観音）史跡めぐり』の荒川智恵子談に、

　（徳願塚の）地蔵さんだけが昔の位置に残っている。昔そこから知多へ行く道を殿街道（とのかいどう）と言って、今の東海道よりずっと昔からある道である。殿様が通ったから殿街道の名前がついたと思う。殿街道は笠寺から大慶橋のあたりにでて、天白川をわたって知多のほうに行っていた。昔はその道を通って知多によく行ったが、今は途中の道がほとんどなくなっている

とある。尾張藩主が知多郡道を通って知多郡に巡行する事は度々あつた。

土場　どば　元塩町辺

　永井勝三『鳴尾村史』に、南野村鳴尾松を記し、

○南野村鳴尾松　同村史にありて戸長の書上なり。大江ノ通の辺（あた）りにあり、されば大江を松江とも云へり。と記す。

○南野村字土場　鳴尾松のあつた処にて、この名よりみて前記の諸荷物の船積及び卸の荷揚場であつた事が判る。昔は河海の水辺の物置場を一般に土場の名で呼んだ。以上の諸記録によつて、南野村土場にも鳴尾松と呼ぶ老松があつた事は明らかである。

とある。

鳴尾松　なるをのまつ　元塩町辺

右の書に天白川堤の牛毛の鳴尾松の他に、南野村の鳴尾松をも記す。同書の地図に拠ると大江川が東北の大江通り、西北の北江通り、西の枝江と、三つ又で分れ、大江通りの北に「鳴尾松」とある。

　『尾張徇行記』南野村の条に、

　一　鳴尾松　大江通リノ辺ニアリ

とある。

弁財天社　べんざいてんしゃ　星崎一丁目二一三

市杵島（いつくしま）神社の古称。江戸時代には『張州府志』、『尾張徇行記』、『尾張志』、『蓬州旧勝録』など皆「弁天」「弁才天」、「弁財天」とあり、市杵島神社としてゐない。

弁財天は恵比寿（えびす）（夷）、大黒天、毘沙門天、福禄寿、寿老人、布袋と共に七福神の一つで仏神の代表である。

本源は印度の河神で、日本では池、川、用水など水辺に祀られる事が多い。鳴海町字花井の東福院では池の中島に祀られてゐる。

弁財天は人に福を授け、延命、財宝を得られるとして信仰され、江戸時代以後、特に福徳財宝を司る神とされた。

宝泉寺　ほうせんじ

『蓬州旧勝録』のみに見え、

南野村　境内壱畝十六歩　年貢地　本尊阿弥陀

とある。

南野遺跡　みなみのいせき　南野一丁目　三丁目

製塩の遺構が数多く発見され、支持棒（土師（はじ）質の棒状土製品）、製塩土器、石斧、瓦、石器などが多く発掘された。

山田次郎重忠公之碑　やまだじろうしげただこうのひ

星崎二丁目六一

光照寺境内に建つ。久野園吉「山田次郎重忠公之碑につき」に左を記す。

山田重忠公は鎌倉時代の尾張の武人で勤王の忠士である。又北区長母寺の開基で当地方の有力な領主であつた。承久の乱「承久三年（一二二一年）」に北条義時の大軍を美濃洲俣において阻止せんとしたが敗れ、その後各所に防戦奮闘したけれども惜くもその年京都で自尽した。（家来が）その首を埋葬し小石を印に置きその場で自刃したという。その場所は星崎一丁目市杵島神社（通称弁天さま）の北各務良一氏の屋敷の西、水路を距てたところで一アール位の小山の塚がそれであつた。（中略）大正三年に有志相謀りこの石を埋めその上に小形の四角の墓石を建て懇に弔つた。然るに昭和十二年国道一号線開設の際道路敷地となつたので止むなくその石と共に墓石と椿を重忠公ゆかりの光照寺に移し新に墓碑を建てたのである。これが今の「山田次郎重忠公之碑」である。

喚続神社　よびつぎじんじゃ　星崎一丁目一四八

『寛文村々覚書』に、「一　社壱ヶ所　内ニ神明　天王」とある。荒川泰市他『喚続神社とその周辺』に、

喚続神社はもと神明社とよび貞享二年（一六八五）五月の書付が本社の内にあるというから、それ以前の建立と思われ、

とあり、末社につき左を記す。

大国主神社は天王社と称し元禄十五年（一七〇二）に一宇奉造。

塩竈神社（一名塩竈六所神社）は元文二年（一七三七）秋に建立されている。

新宮天王社（笠寺新宮天王）は延宝三年（一六七五）六月に御芦着岸、建立

住吉神社は文化二年（一八〇五）二月に造立

加具土社は天明元年（一七八一）殿海道西組より、

加具土社は明治十年二月殿海道中組より

加具土社（稲葉神社）は明治十八年三月殿海道川端組より遷した

右の末社の中では新宮天王社の社殿が最も大きく、重んじられて来た。他に霊社があり、英霊を祠る。又手前に小社の白龍社があり幟が多い。

呼続神社　昭和四十六年

社宝に寛永九年（一六三二）に落下した星石（隕石）がある。『愛知県神社名鑑』の喚続神社の条に、延享二年（一七四五）建立とある。

境内に力石がある。六九貫、三三貫、二五貫の大きさで、今は固定してあり、持上げる事は出来ない。楕円（だゑん）形で表面に凹凸が少ない。普通力石は二十貫から三十貫ほどのものが多い。

創建につき『南区神社名鑑』に大永三年（一五二三）とあり、『南区誌』に「縁起によると大永三年」とある。しかし寛政元年（一七八九）の『喚続神社縁起』（『尾張国愛智郡星崎庄南野村神明神社永代御記録』）に年代の記入が無く、確証ではない。永井勝三『鳴尾村史』には慶安年間（一六四八―五二）とある。

喚続堤　よびつぎつつみ

荒川泰市他『喚続神社とその周辺』中の古文書に、

当所ハ大古星崎浦ナリ　新田成就後星崎荘南野村

ト呼称ス　伝云　往古星崎村千竈坂ノ辺リヨリ大高山辺リ迄一新田ニ築クル由　即チ喚続堤ナリ　今起返リテ形ナシ　当材ノ内其跡ハ各務作之右衛門西古墓ノ左ニ在ル所ヨリ弁財天森ノ西ニ附　喚続神明社ノ森池西ヨリ字前田榎古墓　鳴尾森ヘ見通シ也（中略）又云フ当地喚続堤ハ当時幾度モ切レ築留ル事ヲ不得　故伊勢神宮ヘ祈願シ一万度ノ祓ヲ執行ス　忽チニ掘留ル事ヲ得　故ニ宮代宮地一宇ヲ定メ御社一宇ヲ造立ス

とある。

八　牛　毛　荒　井　村　うしけあらゐむら

一　牛毛荒井村の概況　　『尾張徇行記』に拠る

寛文年間　戸数　九十一戸　人口　六百二十五人
文政年間　戸数　百九十四戸　人口　八百三十九人
元高　三十七石二斗三升
概高　六十六石九斗一升一合
田　三反五畝三歩
畑　五町八畝十五歩
東西　三町　　南北　十一町

二　牛毛荒井村の史跡

荒井橋　あらゐはし　元鳴尾町

天白川の橋。『愛知郡鳴海村御見取所御案内帳』、『天白川堤守入用』に荒井橋とある。大慶橋より八十米下流に知多郡道の荒井橋があつた。安政五年（一八五八）の『感興漫筆』に「天白川をこえ　板橋を架す」とある。二枚の板橋で、「なる美新聞」昭和三十年三月二十七日号に、

　それ以前は橋と云つても念仏橋（板のみかけたもの）で水面上にかけられてあり、増水の際は縄でしばるか板をはずしていたと云われる

とある。

青峯山　あをみねさん　鳴尾一丁目六二

新幹線線路の西側に瓦葺の堂があり、石仏が祀られてゐる。文政二年（一八一九）の鎮座。現在の青峯山は本来の場所から移されたものが多い。ここは往時大江川からの支川が来てゐたので、海上安全を祈つて祀つたのであらう。道祖神及び道標がある。

青山屋敷　あをやまやしき　元鳴尾町二一四、二一六

牛毛神社神主青山家の屋敷。永井勝三『鳴尾村史』に、

　牛毛村第一の高い良い土地である。牛毛神社堤防下の広い地域を買収し、立派な構えを造ったのが青山屋敷である。そのため同家を牛毛神社の神主家と云うが、実は前述したように荒井八幡宮も掌り、其後造成された、伝馬、源兵ヱ、丹後江、北柴田、南柴田及神徳の各新田がなり氏神が祀られると、皆青山家が斎祀を掌ったのであるから、鳴尾村全社（やしろ）の神官であった。

とある。

牛毛江　うしけえ　元鳴尾町

牛毛村の船着場。永井勝三『鳴尾村史』に、

　松炬島に代って船つき場となったのが鳴尾ノ浜で、後代の鳴尾松の処である。

とある。

牛毛神社　うしけじんじゃ　元鳴尾町二一八

『寛文村々覚書』、『張州府志』、『尾張徇行記』、『尾張志』に天王社、天王祠とある。明治十二年『尾張国愛知郡鳴尾村誌』に「牛神社」とあるのは牛毛神社の誤であらう。

『神社に関する調査』に、

　口碑によれば昔津島神社の御葭漂着せる故流しやりし　又漂着し　又流しやりし　再三漂着せる故此地に牛頭天王を安置せよとの神意なりと解し祠を設けしと云ふ

とある。

境内社の伊勢神宮、津島神社、金刀比羅宮、多度神社は大正十三年の創建、御霊（みたま）社は昭和二十五年の創建。

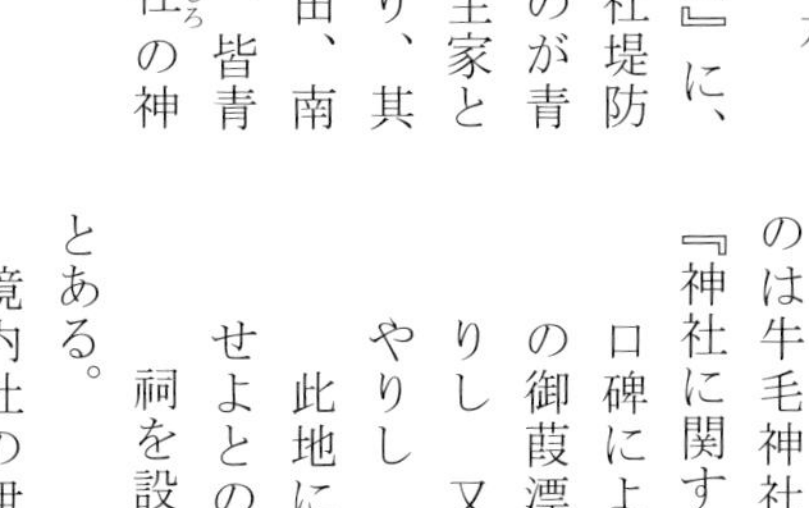

牛毛神社　昭和四十六年

昭和二十七年『名古屋南部史』に大正二年現在の名木、古木を挙げる。牛毛神社拝殿前

船繋松　地上五尺の周囲　一丈三尺
　高（大約）　一三
　樹齢（大約）　三〇〇

大スリバチ椋　地上五尺の周囲　一丈五尺
　高（大約）　一三
　樹齢（大約）　三〇〇

入口に庚申塚と聖徳大師との塚が建つ。別項参照。

郷蔵　がうくら　元鳴尾町

『天保十二年　牛毛荒井村絵図』に、

　郷蔵屋敷　弐畝四歩　御除地

とあり、江戸時代地蔵寺の前の道のすぐ北に郷蔵があつた。

『地方品目解』に、

　郷蔵　是は、村方にて蔵を建置、村中之年貢米を庄屋に取集納置、夫より名古屋御蔵に運送仕候

とある。

江戸時代の農村で、年貢米の保管と、凶作年の備荒の為とに設けた蔵。年貢米用の郷蔵の設置は古く、江戸幕府が寛文六年（一六六六）に出した『御勘定所下知状』に見える。年貢納入の時期になると、船廻しで名古屋の堀川東岸にあつた尾張藩の蔵屋敷三つ蔵に運んだ。

貯穀、救恤の為の郷蔵は江戸時代中期以降に併設された。南区の村では山崎村、戸部村、笠寺村、本地村にあつた。

庚申塚　かうしんつか　元鳴尾町二一八

牛毛神社の入口に聖徳大師の塚と並んで建つ。「庚申塚　村中安全」と刻む。永井勝三『鳴尾村史』に、元は鉄道敷地内にあつたものを移したとある。「庚申塚　村中安全」と刻み、高さ八六糎。

庚申の夜に三尸（道教で人の腹中に居ると云ふ三匹の虫。庚申の夜に眠つてゐる人の身体から抜出し、その罪悪を天帝に告げると云ふ）の難を免れる為、仏教では青面金剛を、神道では猿田彦を祀る堂や塚を建てる。桶狭間の字上ノ山では最初に塚を建て、後に塚の代りに堂を建てて現存してゐる。

庚申塚　聖徳大師

庚申塚は、桜の名鉄電車線路脇、須佐之男神社、紀左衛門神社にある。

庚申殿　かうしんでん　元鳴尾町二一四、二一六

石毛神社西の青山屋敷内にあつた。永井勝三『鳴尾村史』に、

　神社より同家に通ずる石段が境内西崖の楠の老木と共にその石段が今も残るが、昔は崖縁に塀が並び冠木門の扉を開けると石段で、下つた左側に御手洗

の井戸があり、崖は岩組になり其間に躑躅の古株が沢山植えられて初夏の眺めは一段と優れた。その対面に庚申殿があって風雅な一廓をなした。
　庚申殿の階段上高殿の雨戸を開くと、板縁の間があり、壇上には白布の帳が懸り其上に〆縄が張られ、其中に庚申神を祀る。如何にも神々しく拝されたのである。

とある。

久右衛門広場　きうゑもんひろば　元鳴尾町三〇二前

永井勝三『鳴尾村史』に、

○久右ヱ門広場と久右ヱ門道　八幡八一・八二番地の松右ヱ門家前広場は塩の集荷場であり、出荷する場所であった。塩俵を駄馬積して塩付街道に行く出発点であったから、里人は久右ヱ門道と云った。

とある。字八幡八一、八二番地は元鳴尾町三〇二番地である。

行者堂　ぎやうじやだう　鳴尾一丁目二三五

牛毛の地蔵寺（堂）にあつたが、今は無い。明治二十二年『尾張国愛知郡誌』の「呼続地蔵堂」の条に、

境内別ニ四堂宇アリ　観音堂　秋葉堂　行者堂　弘法堂等ナリ

とあり、大正十二年『愛知郡誌』にも同文の記載があるので、その頃にはあった。
　南区内の行者堂は戸部の長楽寺、笠寺観音、南野の琵飛羅社に現存する。

掲示場　けいじば　元鳴尾町

明治十二年『尾張国愛知郡鳴尾村誌』に、

掲示場　　字八幡
　東入口ヨリ　五拾七間　　南入口ヨリ　三町
　北入口ヨリ　壱町二十九間

とある。

西来寺　さいらいじ　元鳴尾町四二四

真宗大谷派小原山。本尊阿弥陀如来。

『愛知県歴史全集・寺院篇』西来寺の条に、

・**由来**　当寺は三河国針崎勝鬘寺六世上人の弟子浄源師が小万場（現・高岡村）に布教所を開設したのがはじめである。その後本山の命によって鳴海村字向田の善明寺が廃寺であったのを利用し布教に従事した。後、鳴海村字下汐田に一寺を建立し西来寺を開基した。以後現在地に移転。草創年代については

大永年間（一五二一～二八）説と天文年間（一五三二～五五）説がある。

・歴代住職　開基浄源師は永禄三年（一五六〇）の桶狭間合戦戦死者を善明寺で弔った。

とあり、『寺院明細帳』に、

　大永年間ノ頃浄源ト云者開基創建シ

とある。『尾張国愛知郡鳴尾村誌』も同内容である。

『尾張志』に、

　天文年中に当郡鳴海むら小原といふ処にて僧浄源創建す　後にこゝに移せる也

とある。

鳴海の善明寺の碑に、

　永禄初年頃仏光寺派一向宗徒旅僧浄源来此處僧庵致建立定住布教専念同三年桶狭間於合戦敗軍今川方落武者致隠匿

とあり、浄源は桶廻間合戦の頃の僧であるから、大永（一五二一～二八）や天文（一五三二～五五）の浄源建立は否定される。

西来寺　昭和四十四年

『張州府志』に「小藪山」とあり、『尾張志』に「小原山」とある。「小藪」、「小原(をはら)」は共に汐田（明治以後は下汐田）の字名であり、布教所を建てた地である。

猿投垢離場　さなげこりば　鳴尾町丹後江

猿投神社の『遷宮式』に、

　本社・西宮遷宮ノ時ハ前日、神官尾張愛知郡牛毛荒井村浜辺　丹後場ト云フ所　ニ赴キ、垢離ヲ為ス

とあり、東宮の遷宮の時は鳴海村字枯木の片葉の蘆で垢離を為し、西宮の遷宮の時は、ここで垢離を為した。

猿投神社の祭神大碓命(おほうすのみこと)は日本武尊（小碓命(をうすのみこと)）の兄である。片葉の蘆の地は往古鳴海潟の東の浜辺で水垢離を行ふにふさはしい地であり、こき草の浜と呼ばれた。近くには日本武尊が東征を終へ鳴海に凱旋して憩ふた字鉾ノ木や、伊勢神宮の倭比賣命(やまとひめのみこと)より授つた火打を納めた火打島（字丹下）があり、片葉の蘆を神秘の物として垢離をしたのであらう。後に鳴海潟が後退したので浜辺の丹後場も代りに用ゐたが、片葉の蘆の地には泉から滾々(こんこん)と水が湧いてゐたので、引続き垢離の場としたと思はれる。

「丹後場」は丹後江を指すのであらう。

申塚　さるつか　元鳴尾町

明治以後の荒井村の字名。永井勝三『鳴尾村史』に、

　里伝によると申塚は庚申塚なりとしてこの碑（牛毛神社の庚申塚）が建立されたと云うが、申塚の意は里から申ノ方角の古墳の呼名で、庚申塚とは無関係であるが、（青山）守胤が庚申殿建立と同時に申塚即ち庚申塚と云って之を建立したのかと思う。

とある。

塩蔵　しほくら　元鳴尾町三七〇、三七一

永井勝三『鳴尾村史』に、

○塩蔵―八幡六五番地にあって、二階建延坪百三十二坪、外に平屋十三坪の事務所があって、郷内塩焼業者百余軒（減少した一七六二年の戸数九六）に前貸し、製塩を受取りこの蔵に貯蔵した。

とある。八幡六五番地は明治以来の字名、番地で現在の元鳴尾町三七〇、三七一番地である。

塩付街道　しほつけかいだう

永井勝三『鳴尾村史』に、

　その道筋は荒井久右ヱ門前から、浄庵、南野及び本地郷中を通り、笠寺・戸部・桜を経て新屋敷より塩付街道の名にて

とある。「久右ヱ門前」とは字八幡八一、八二番地（元鳴尾三〇二番地）前の久右衛門広場を云ふ。ここが塩荷の出発点であった。

『星崎の塩浜』に、

　永井氏はこの倉から塩俵を馬の背にのせて出発し、南野村喚続神社の西、本地村宮西、寺西の軻遇突智社のそばを通り、鳥山、柵下より松本にいたり、道標より右に折れ坂を登って、愛智塚、東宝寺の西を北進し、桜村分野にいたる順路を塩付街道としている。すなわちその起点を荒井村としている。

とある。

塩浜　しほはま

『寛文村々覚書』

一　塩浜　九町三畝歩

一　塩屋　拾壱軒

『尾張徇行記』

宝永四年（一七〇七）　塩浜反数二町七反六畝二十九歩

享和三年（一八〇三）　塩浜無くなる

『尾張徇行記附図』、『愛知郡村邑全図　牛毛荒井村』に、塩浜、塩屋の記入がある。

聖徳大師の碑　しやうとくだいしのひ　元鳴尾町二一八

牛毛神社の入口に庚申塚と並んで建つ。「聖徳大師」と刻んである。高さ百糎。法隆寺の建立に当り、聖徳太子が大工を管理したとして、大工の神として聖徳太子を祀る。

聖徳太子の掛軸を前に宴を開く太子講や、弘法大師を祀る大師講を行ふ地方があり、元は「たいし」も「だいし」も神の子で同意であつたので区別してゐない。

社宮司　しやぐじ　元鳴尾町三三六

永井勝三『鳴尾村史』に、

> その（八幡六五番地の塩蔵の）近く今西谷医院の傍に森があって「おしやぐじさま」と云って、疫病(やくびょう)に罹ると疫病払いを村人はこの処で行った。つまり疫病を村外へ追出す意味であるから、この社は各村のはずれにある。

西谷医院は元鳴尾町三三六である。峰谷季夫『名古屋地方の社宮司信仰』に、

> 永井勝三著『塩付街道と前浜塩』（未刊）によると、西永井家裏の一段低い土地に榎の老木が数本立つ叢生地があり、六〇年程前には樹木に尺余の祠があり、中に石が祀られこれをオシャグジといい、石はいわゆる石棒で、村人達はオコリ・ホウソウなどの流行病にかかると桟俵の上に食物をのせ、それを縄で三隅をつり榎の枝に吊って厄払を祈願したということである。

とある。『東海道分間延絵図』に「社宮神」とある。本地村（星崎町字阿原二二）のは今もある。

「社宮司」は「しやぐじ」と読むのが普通であるが、漢字、発音共に、社口、三狐神、斎宮、石神など、「しやぐうじ」「しやごじ」「しやぐち」など異同が多い。

信濃国の諏訪社より古い神が洩矢神(もれやかみ)で「みしやぐち」と呼ばれる神々を統括し、諏訪社の神長官守矢氏が奉祠した。社宮司の本源は茅野市高部の守矢家近くにある。非常に古い信仰だけに祭神など不明とする神社が多いが、信濃国には千余社もあり、尾張国に百七十社、三河国に百三十二社。名古屋に三社ある。第三章　読物参照。

称念寺　しようねんじ　元鳴尾町三八〇

浄土宗正行山。本尊阿弥陀如来。

永井亮哲尼が鳴海の亮光上人（『泉谷亮光上人伝』なるみ叢書　第十四冊　鳴海土風会　参照）に学び、称念

庵を結んだ。昭和二十年B二十九（ク）の空襲で焼失。昭和二十三年鳴海町字三皿の野村三郎邸内の廃寺にあった本尊阿弥陀如来像を寄進され、昭和三十七年本堂が再建された。

新藤半兵衛之碑　しんどうはんべゑのひ　鳴尾一丁目三一四

鳴尾公園の北方道沿にある。『地蔵寺由緒』に、

大坂落城ノ後チ落人新藤半兵衛ナル者此ノ處ニ流浪ノ折柄。地蔵尊ノ霊験（レイケン）ヲ試（ココロ）ミバヤトテ家来ニ持セタル鎗ノ石築ニテ。ツキシカバ忽（タチマ）チ御尊体ヨリ血流レテ御足ニ至ル右半兵衛。此現罰ニヤ此ノ處ヲ去ル事二丁余リ南ノ方ナル芦葦（アシカヤ）ノ中ニフシ倒レ血ヲ吐ク事数刻ニシテ終（ツイ）ニ命終レリ故ニ今ニ其ノ處ヲ血塚畑（チヅカハタ）。トカヤ申シ伝タリ

とある。永井勝三『鳴尾村史』に、

大坂城の落武者がこの処を通ることも縁遠く実感が涌ぬ点がある。

そ（桶狭間合戦）の今川軍の落武者が新藤半兵ヱとすると時代もあい、落武者の意味がすっきりするのである。

とある。碑は昭和三十四年に建てた。

称念寺　昭和四十六年

大慶橋　たいけいはし　元鳴尾町

知多郡道の天白川に架る橋は荒井橋で、二枚の板が水面近くに掛けられてゐた。明治三十三年大慶橋を架けた。この年五月十日、嘉仁皇太子殿下（大正天皇）と九条節子姫（貞明皇后）との御成婚があり、慶祝して大慶橋と名付けた。長さ四十二間、幅二間の板橋である。

昭和十九年国道一号線の新設に伴ひ、知多郡道より八十米上流に板橋を架けた。長さ七十二・六米、幅九・三米。

道祖神　だうそじん　鳴尾一丁目六二

新幹線線路の南方、青峯山の堂近くにあり、「道祖神」と石に刻む。台石を入れて高さ六十五糎。

道祖神

地蔵　ぢざう　元鳴尾町二一八

牛毛神社南の堤防上に石仏の地蔵立像が南面してゐる。高さ六十七糎。

地蔵寺　ぢざうじ　鳴尾一丁目二三五

曹洞宗延命山。本尊地蔵菩薩。

『寛文村々覚書』以降の書に「地蔵堂」とあり、宗教法人として地蔵寺とした。喚続地蔵と呼ばれた。永井勝三『鳴尾村史』の『喚続地蔵菩薩縁起』に、

大坂落城の節落人新藤半兵ェなる者、この所を通行の折柄石地蔵の霊験を試みようとし、家来に持せたる槍の石筑(いしづき)にて、突かれしかば、忽ち御尊体より血流れて、後足に至る。右半兵ェはこの現罰(げんばつ)にてこの所より二丁余南の芦葦の中に臥し倒れ、血を吐くこと数刻にて死す。この故に其所を血塚畑とか申伝へり。依て当所に一つの草堂を建立し遷し奉る。

其時地蔵菩薩の尊躰は腰より上の半身のみであれば、附近を探したが判らず、右上半身のみを安置し、深く扉を閉じて、諸人は尊像をおがめないようにした。

地蔵寺　昭和四十六年

其後或夜当堂守護僧が機縁か、夢想の御告を蒙ったので其旨を村人に告げ、夢想のごとく土田を掘ること九尺余にて地蔵尊の下半身と錫杖とが出現あり、当堂に講じて御脇立となし、鎮護国家万民快楽の為にす。

とある。鳴海瑞泉寺十一世象外和尚以来、瑞泉寺和尚の隠棲所である。

『尾張国愛知郡誌』に、

境内別ニ四堂宇アリ　観音堂　秋葉堂　行者堂　弘法堂等ナリ

とある。

観音堂は三十三観音堂として石仏を安置してある。

秋葉堂はあり、可垂斎の御札が置いてある。

行者堂、弘法堂は無い。「南無弘法大師」の幟がある。

天白川おたすけ地蔵がある。

地蔵堂　ぢざうだう　元鳴尾町二七四

松風公園の東北、道の北側に南面して建つ。地蔵は石仏の座像。

地蔵堂　ぢざうだう　元鳴尾町三八〇

称念寺の左手に東面して建ち、石仏座像が安置してある。

知多郡道　ちたぐんだう

『尾張国愛知郡鳴尾村誌』の「名古屋道」の条に、

北方同郡星崎村境ヨリ南方知多郡名和村境ニ至ル

其長拾弐町五拾六間　幅壱間

とある。

天王社　てんわうしや　元鳴尾町二一八

牛毛神社の古称。『寛文村々覚書』、『張州府志』、『尾張徇行記』、『尾張志』に、天王社、天王祠とある。牛毛神社は明治初年以後の呼称。

時の太鼓　ときのたいこ　元鳴尾町四二四

享保十一年（一七二六）八月に西来寺に設けられた。

正徳二年（一七一二）鳴海村字作町の如意寺に時の鐘が設けられた。費用は伝馬宿入用米を宛てた。しかし享保九年（一七二四）六月に八代将軍吉宗が全国に倹約令を下し、時の鐘が廃止されてしまつた。村民は不便忍び難く藩に願ひ出た結果、時の太鼓の設置が許され、享保十一年八月に西来寺に太鼓堂を築いて時報とした。荒井村と鳴海村とは扇川、天白川が間にあるだけで一衣帯水の地であり、鳴海宿の多くの人々の耳に留いた事であらう。詳細は拙稿「時の鐘」（『熱田風土記　巻八』久知会）参照。

永井荷風追慕碑　ながゐかふうついぼひ　元鳴尾町四二四

西来寺の境内に建つ。

表　永井荷風追慕碑

人生の真相は　寂寞の底に沈んで

初めて之を見るのであらう

冬日の窓より

堀口大学書　印

裏　昭和五十年四月三十日

荷風先生十七回忌に当り

荷風先生を偲ぶ会選文

名古屋市南区郷土分化会建之

『南区史跡散策路』に掲載してある。しかし、

一　原文に句読点が無いのに付けてある。

二　原文に振仮名が無いのに施してある。

三　原文は歴史的仮名遣なのに変へてある。

四　原文は縦書なのに横書に改悪してある。

など恣意による捏造が目立つ。

永井星渚宅址
昭和四十六年

永井荷風の父久一郎が荒井村の生れなので、この地に碑を建てた。しかし荷風は東京生れで星崎を舞台にした作品は無い。

永井星渚宅址　ながゐせいしよたくし　元鳴尾町三八九

西来寺の直ぐ南の地。星渚は号、通称松右衛門。宝暦十一年（一七六一）生れ、文政元年（一八一八）没。漢学者で著書が多く、享和三年（一八〇三）『東海道人物志』の漢学に記載された。弟子に伊藤両村がある。

鳴尾　なるを

村上天皇の御代（九四六―九六七）の歌僧増基法師に『いほぬし』と云ふ遠江国へ下る紀行がある。往に、

　　おはりなるなるみのうらにて
かひなきは猶人しれすあふことの
　　　遥なるみのうらみ成けり

帰に、浜名の橋、高師山の次に、

君か代はなるをの浦になみたてる
　　　松の千歳そ数にあつめん
　このまへになるをのはまといふ所の侍なり。さ
　てそのまつは見え侍しなりとぞ

とあり、鳴尾の松が既に当時有名であつた。『小治田真清水』に、この紀行は摂津国の鳴尾ではないと断定してゐる。

鳴海村の字枯木、字石田の旧字に「真の尾」があり、水源の真池や、そこから流れ出る真池川の下流の意である。鳴海村の扇川は古称の黒末川の他に鳴海川の別称があり、『天保十二年牛毛荒井村絵図』に「鳴海川」とあり、大東亜戦争後の牛毛でも使つた。即ち古くより近時まで鳴海川が使はれたので、鳴海川の下流の地の意で鳴尾が発生したのであらう。明治九年から二十二年まで鳴尾村の村名が用ゐられた。近い所であり、住民の地名命名意識は同じであつたと思はれる。

鳴尾学校　なるをがくかう　元鳴尾町一三八

池田陸介『南区の歴史探訪』に、

これは東海市横須賀町にあった建物を移築したものです。明治四年（一八七一）廃藩置県（はいはんちけん）で知多郡横須賀町に名古屋県の出張所が置かれたとき、新築されたものと伝えられています。明治十一年（一八七八）

半田に知多郡役所が設置されたため、払い下げを受けて第三十一番小学鳴尾学校の校舎としました。（十五年六月二十五日、大工棟梁青山角左衛門設計施工）。

鳴尾学校

鳴尾松　なるをのまつ　元鳴尾町

平安時代村上天皇の御代の『いほぬし』に拠ると、既に鳴尾松は名高かつたらしい。
昭和三十七年『愛知の史跡と文化財』の「鳴尾の松」に、

南区鳴尾町天白川大慶橋の下流

　鳴尾大慶橋の下流、天白川堤の中腹にあり、桶狭間の合戦の時にあった牛尾の松の植継ぎと伝へられる、根囲四米十糎目通りの幹囲三米八十糎、地上二米許のところから南と東へ二枝を出し、枝張り東西十八米南北十四米高さ十八米、形態美しく樹勢も壮健である。名古屋市より天然記念物として指定。（岡田善）

とある。「牛尾」は「鳴尾」か。昭和三十八年に落雷で枯れてしまひ、今は植継いだ松が松風公園にある。

昭和二十七年『名古屋南部史』の「鳴尾松」の条に、

地上五尺の周囲　一六尺
高（大約）　一二
樹齢（大約）　二〇〇
往昔より本松樹を鳴尾松と呼ぶ樹五株ありしも三十年前老朽し現今一株存在するのみ

とあり、大正二年の現状を記す。
鳴尾の松を詠んだ和歌は、

浦風の音もしつかに鳴海かた　名区小景　義周
　なるをの松もえたをならさす

を始め拙著『東尾張歌枕集成』（なるみ叢書　第二十六冊鳴海土風会）に収めた。

鳴尾松渡し　なるをのまつわたし　元鳴尾町

永井勝三『鳴尾村史』の「鳴尾松渡舟場廃止」に、天明元年（一七八一）天白川堤を尾張藩が大改修し、天白川と扇川との間に中堤を築いたので、牛毛村と大高村とを結んでゐた渡しが廃止されたとある。

服部小平太塚　はつとりこへいたつか　元鳴尾町四四八

『信長公記』に、

服部小平太、義元にかゝりあひ、膝の口きられ倒伏す

とあり、桶廻間合戦で今川義元に一番槍をつけたのが服部小平太である。池田陸介『南区の史跡』に、

　現在大慶橋西下にある墓地には服部小平太を葬った小五輪塔をのせた塚があった。今は五輪塔の残欠石が見られ、

とある。

服部小平太屋敷　はっとりこへいたやしき　元鳴尾町三八九

西来寺の南方、永井星渚宅址の南が屋敷跡である。

船着場　ふなつきば　元鳴尾町

永井勝三『鳴尾村史』に、

　船つき場となったのが鳴尾ノ浜で、後代の鳴尾松の処である。この船着場は六百五十年後には、外海との航路が塞がれて渡舟場となり、百三十年間使われた後ち黒末渡と代るのである。

とある。

木因の塚

木因の塚　ぼくいんのつか　元鳴尾町松風公園

大垣の俳人谷木因の句「此松に鳴の名はあり蟬の声」を刻んだ塚が建つ。亀世が鳴尾松を見せようと案内して来て、この地で木因が詠んだ。塚は昭和三十一年に南区郷土文化会が建てた。

道標　みちしるべ　鳴尾一丁目六二

新幹線線路の南方、青峯山の堂近くにあり、

　右側　左ちた道
　中央　南無阿彌陀佛
　左側　右なごや道

とある。高さ一米五糎。ここは大江川からの支流が通り船で来る人があった。

道標

喚続の浜　よびつぎのはま

『鳴海旧記』（なるみ叢書　第三冊　鳴海土風会）に、

　一　呼続浦　是は鳴海潟之惣名にて御座候

鳴海は「鳴海潟」、「鳴海の浦」、「鳴海の海」と和歌に詠まれる。呼続（喚続）は「浦」又は「浜」で「浜」が多い。鳴海とは同一ヶ所であり、「鳴海の浜」の代りに「呼続（喚続）の浜」を云ふ。

山崎村　『尾張徇行記』に「呼続浦」、「呼続の浜」
戸部村　『東海道分間延絵図』に「呼続浜」
本地村　『一目玉鉾』に「よびつぎの浜」
南野村　『喚続神社縁起』　喚続（呼続堤）
牛毛荒井村　喚続地蔵の『喚続地蔵縁起』

がある。近代では呼続町、呼続元町、呼続公園、呼続小学校など南区の北部に云ふ事が多い。

しかし鳴海潟全部の浜が呼続の浜であり、一部に限られる地名ではない。

若宮八幡社　わかみやはちまんしゃ　元鳴尾町四三二一

『寛文村々覚書』、『張州府志』、『尾張徇行記』、蓬左文庫蔵『桶峡間圖』に「八幡」とあり、『尾張志』は今の名と同じ「若宮八幡」である。「八幡」は音読する事が多いが本来は「やはた」であり、鳴海八幡宮は『千代倉家日記抄』に「八わた」（やはた）とある。

「若宮」は『神道名目類聚抄』に、本宮の祭神の御子（みこ）を祀る神社や、新たに勧請して祀つた神社と規定してゐる。鶴岡八幡宮は『吾妻鏡』に若宮とあり、勧請された八幡宮を若宮と呼ぶ事はかなりある。

創建の年代につき、

慶長十二年（一六〇七）頃　池田陸介『南区の史跡』
享保年間（一七一六―三六）　『南区神社名鑑』　『南区の神社をめぐる』
宝暦年間（一七五一―六四）　『愛知県神社名鑑』

と諸書には江戸時代とある。

慶長十三年（一六〇八）に幕府が検地を行ひ、無年貢地として除地（無税）とした土地を備前検除と呼び、備前検地の前から年貢免除であり、備前検地でそのまま認めた土地を前々除と云つた。

若宮八幡社　**昭和四十六年**

『寛文村々覚書』の牛毛荒井村に「八幡」は前々除である。室町時代以前より村人の信仰の対象になつてゐた故に無税とされたものであり、江戸時代の創建ではない。但し星崎の中で本地村は古代からあつたが、南野村、荒井村、牛毛村は時代が降る。

新田の図

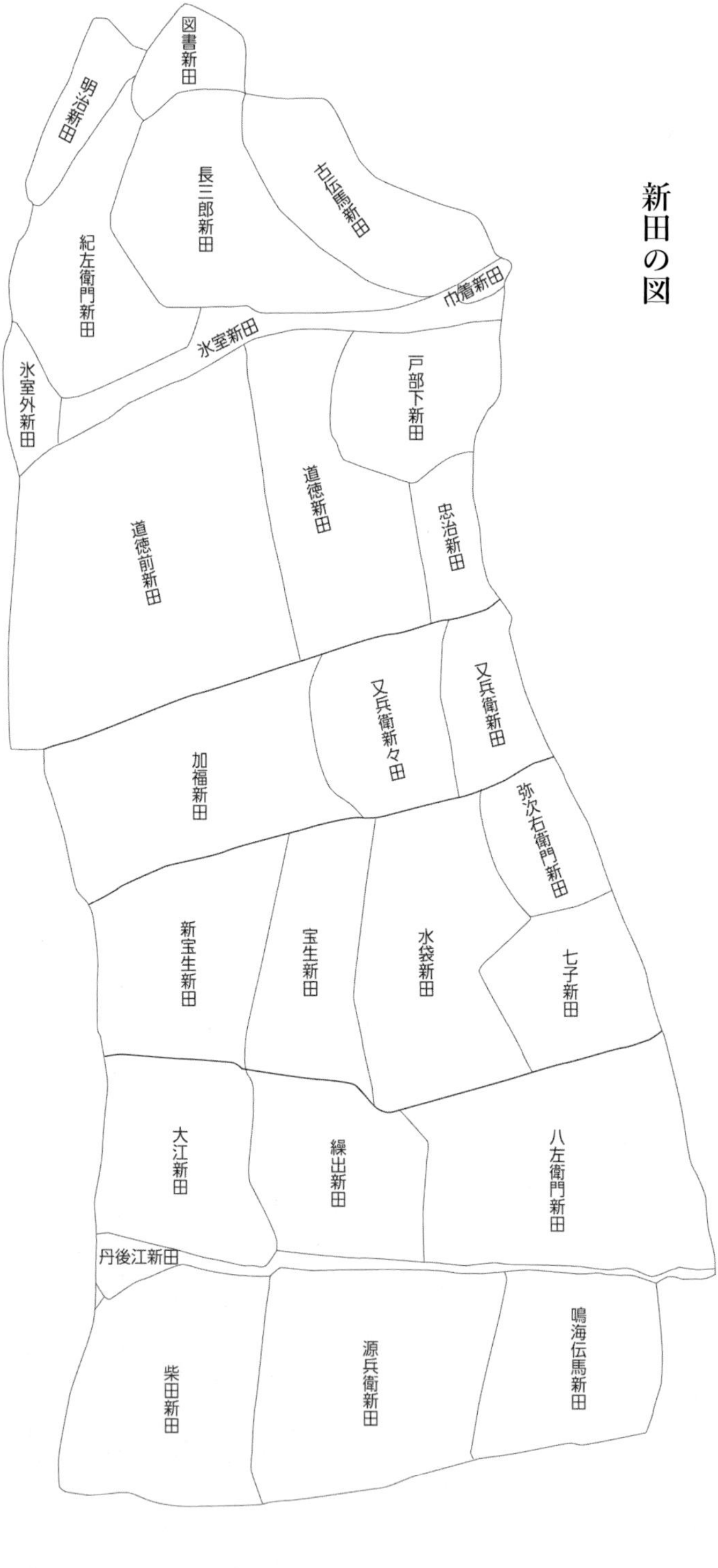
図書新田
明治新田
長三郎新田
古伝馬新田
紀左衛門新田
巾着新田
氷室新田
氷室外新田
戸部下新田
道徳新田
道徳前新田
忠治新田
又兵衛新々田
又兵衛新田
加福新田
弥次右衛門新田
新宝生新田
宝生新田
水袋新田
七子新田
大江新田
繰出新田
八左衛門新田
丹後江新田
柴田新田
源兵衛新田
鳴海伝馬新田

第二章　新田

熱田古伝馬新田　あつたこてんましんでん　古伝馬新田の別名。

祐竹新田　いうちくしんでん　戸部下新田の別名。

御替地新田　おかへちしんでん　道徳新田の別名。

御小納戸新田　おこなんどしんでん　道徳前新田の別名。

一　大江新田　おほえしんでん　滝春町　大同町

柴田新田の北にある。文化三年（一八〇六）菱屋太兵衛が大江新田として開発した。田七町九反余　畑二町余

文化十四年名古屋石町の善右衛門が譲り受けて俊広新田と改めた。

愛と力の筏像　あいとちからのいかだざう　大同町　大同高等学校

昭和三十四年九月二十六日の伊勢湾台風後、大同高等学校生徒が身を呈して被害者の救助、復興作業に当つた。学校には二千余名が避難した。運動場の南端にある。

愛と力の筏像

大江川　おほえかは

大江は江戸時代初期には鳴海潟の湊であつた。新田開発に連れて入江が延び、大江川となつた。

大東亜戦争後に水質汚濁が進行したため、元塩町から名古屋鉄道常滑線までを暗渠にし、昭和五十四年に完成した。

神明社　しんめいしや　大同町一丁目四

『南区神社名鑑』に「創建　享保年間（西暦一七二〇）」とあるのは誤である。新田の築立が文化三年であり、文化七年の棟札が残る。境内社に秋葉社、津島社、伏見

稲荷社、白龍社がある。南野の喚続神社境内社の白龍社は大きな神木の根元に祀られてゐる。ここの場合も大木に白蛇が棲んでゐたので祀つたのであらう。

阿千輪兼吉（あちわかねよし）の碑が境内に建つ。笠寺漁業組合第一代理事長で、明治四十年以来、愛知海苔養殖に貢献した。全国に有名になつたが、伊勢湾台風の後は生産が縮小し、今は知多半島でも鬼崎など一部の地域で行はれてゐる。

大同町駅　だいどうちやうえき　大同町三丁目一

駅の東に大同特殊鋼があり、工員輸送を行ふため昭和十五年に開設された駅。開設時は大同前だつたが、戦時中に防諜の必要から現駅名に改称された。

開設　昭和十五年五月三十一日

改称　昭和二十年六月一日　大同前から大同町へ

『私鉄全線全駅』に拠る。

二　加福新田　かふくしんでん　加福町

又兵衛新田の西の地。文政十二年（一八二九）に築かれ当栄新田と呼ばれた。反別三十四町五反八畝余　天保四年（一八三三）に新田の沖に海獣が泳ぎ着き、人々は妖怪かと思ひ、化物新田と呼ばれた。後に新田名は加福新田となつた。この海獣は葦鹿（あしか）とする書があるものの海豹（あざらし）らしい。

神明社　しんめいしや　加福町三丁目三

加福新田の開発は文政十二年に着手したものの、度々の災害で天保六年（一八三五）に完成した。神社を勧請したのは、その年以降であらう。稲荷社、金毘羅社、秋葉社が境内にある。

三　紀左衛門新田　きざゑもんしんでん　紀左ヱ門通他

道徳前新田の北にある。宝暦四年（一七五四）熱田の加藤紀左衛門が開発した。田は九町一畝余、畑は三町五畝余。安永四年（一七七五）御高成（奉行所に上納する年貢米の決定）

紀左衛門神社　きざゑもんじんじや　内田橋一丁目三三—二五

寛政六年（一七九四）神明社を勧請。昭和三十四年紀左衛門神社と改称。大東亞戦争中の昭和二十年五月十七日にB二十九の空襲により全焼した。

紀左稲荷社　昭和三十七年勧請。

紀左天満社　平成五年勧請。

力石　明治初年に北川忠四郎、北川久五郎が寄進した。替地新田の早川清九郎唯一人が担げた。南区の力石については読物「力石」の条参照

紀左衛門神社

青峯観音　長三郎新田の青峯山石仏がある。

青峯観音　紀左衛門新田の青峯山石仏がある。伊勢湾台風で流失し、昭和五十八年に新調した。

役の行者　当地より南方約百五十米の長三郎新田の堤防上に祀つてあつた。

聖観世音　右と同地。

庚申塚　長三郎新田の杁の上に祀つてあつた。

白龍大神　行者さんの松と呼ばれた大松があり、白龍が棲むと云はれた。役の行者、聖観世音が根本に祀つてあつた。

庚申塚

弘法堂　明治初年建設の堂が空襲で焼け、昭和二十六年に新設した。真中に弘法大師、左に不動明王、右に観世音菩薩を祀る。

城の石　名古屋城築造の折に黒田長政寄進の石が堀川から拾ひ上げられ、それを台石として昭和三十四年に「名古屋城再建記念之碑」が建てられた。

成田善助『紀左ヱ門新田のあゆみ』に詳しい。

四　巾着新田　きんちやくしんでん　繰出町

古伝馬新田の南にある。元禄十四年（一七〇一）名古屋長者町の孫七が開発した。田一町余、畑六反余。

五　繰出新田　くりだししんでん　大同町　星崎町

大江新田の東にある。宝暦七年（一七五七）南野村の福井八左衛門が着工したものの完成に到らず、竹腰山城守、御小納戸を転々として、文化二年（一八〇五）南野村の嘉兵衛に譲渡された。田十三町八反余。

稲荷社　いなりのやしろ　いなりしや　大同町二丁目一二

『南区神社名鑑』に「創建　享保年間」とあるのは新田開拓より前であり誤。左右に秋葉社、熱田社が祀つてある。鳥居及び清水の裏側に「昭和十七年八月　大東亜戦争記念」と刻んである。

六　源兵衛新田　げんべゑしんでん　源兵衛町　三吉町　鳴浜町

鳴海伝馬新田と柴田（北柴田新田）との間に築かれた。宝永三年（一七〇六）大高村の山口源兵衛が築立て、用水は大高村に源兵衛池と清水池とを築き、扇川、天白川は伏越で通した。田が三十五町九反余、畑が二町八反余。

青峯山　あをみねさん　源兵衛町一丁目天白川堤防

天白川右岸千鳥橋の北に三吉稲荷があり、上流の堂内に青峯山石仏が安置してある。堂は昭和六十年の建立。旧地は愛知県工業用水導管の通つてゐる辺で、源兵衛町一丁目と二丁目との境に当る。

ギリ橋　ぎりはし　源兵衛町二丁目

源兵衛新田から天白川、扇川を渡つて込高新田に到る。天白川右岸から中堤防へ架り、少し下流の中堤から込高新田まで扇川を渡つた。簡単な板橋で、人一人が通れるだけのもの。扇川を船が通る時、中央を軸に回転する様になつてゐて、ギリ〳〵と廻るのでギリ橋と云つた。昭和二十三年及び昭和四十八年の航空写真にある。昭和五十五年の住宅地図に見えるが、昭和五十八年のには見えない。明治四十四年生れの人の祖父の時から架つてゐたとの話があり、かなり古くからあつた。場所は愛知県工業用水管を渡す橋の所。

三吉稲荷　さんきちいなり　源兵衛町一丁目二一

天白川右岸堤防上にある。永井勝三『鳴尾村史』に、〇三吉稲荷大明神由来によると、宝暦三年旧正月、九州住人大友家の家来山口源兵ヱは当地に来り新田を開き、その西部の堤内側に塚を築て、此神を祀り

須佐之男社　昭和四十七年

力石

崇敬した云々とある。堤は源兵ヱ新田大手堤にて、昭和三十五年春知多道拡大の際に現在位置に遷座され、同三十八年三月三日奉鎮式挙行。

とある。

須佐之男社　すさのをのやしろ　すさのをしや　源兵衛町五丁目一三八五

宝永三年（一七〇六）の創建。『尾張志』に「天王社」とある。全国の天王社は天皇社に通じ不適切であるとして、明治初年に須佐之男社や津島社と改めた。

境内社に神明社、秋葉社。水天宮があり、三吉稲荷は境外社である。御神木の大銀杏は源兵衛が新田を築いた記念に手植したと伝へられてゐる。

庚申塚　青面金剛

高さ約五十糎、重さ九十瓩の力石があり、「源兵衛新田村方二矢之□」と刻まれてゐる。力石については読物「石力」の条参照。

須佐之男会館に弘法堂があり、入口右側奥に三十四観音があり、手前中央に地蔵二体があり、左側に「青面（しやうめん）金剛童子」と刻んだ庚申塚がある。

名古屋市内の津島、須佐之男社は二十四社あり、市内四位である。

千鳥神社　ちどりじんじや　鳴浜町六丁目一―一六四

創建は昭和三十三年。祭神は熱田大神。境内社は八大龍王社と天龍白姫龍神社（貴船神社姫神）との二社がある。

七　古伝馬新田　こてんましんでん　太郎町他

長三郎新田の東にある。寛文十三年（一六七三）熱田宿伝馬助成のため、熱田宿伝馬役人が開発し、熱田伝馬新田とも云ふ。この東に熱田伝馬亥新田、熱田西改亥新田がある。田畑二十町。

古伝馬神社　こてんまじんじゃ　豊二丁目三五―一七

『南区神社名鑑』に拠ると、明治三十三年に別地からこの地に熱田社として祀り、大正末期に古伝馬神社と改めたとある。

祭神は天照大神、日本武尊、建稲種命。昭和四十二年に天王社及び秋葉社を勧請した。

八　七子新田　しちこしんでん　浜田町

水袋新田の東にある。正徳五年（一七一五）の開発で面積十町。「七子」の地名は笠寺村の天白川西岸、今の明円町にあつた。

伊勢湾台風殉難者慰霊之碑　いせわんたいふうじゅんなんしゃいれいのひ　浜田町三丁目一〇四

浜田南公園にある。昭和三十四年九月二十六日の伊勢湾台風により南区内で千四百十七名が犠牲となつた。大江川の堤防決壊で宝学区では三百七名の死者が出て、二週間後に水が引いた時には多くの靴が残されてゐて、住民が集めたので「くつ塚」と呼ばれた。碑は翌年の建立。

浜田神社　はまたじんじゃ　浜田町三丁目五六

祭神は熱田大神。石柱に昭和三十九年とあるのが創建の年らしい。

浜鶴ノ宮神社　はまつるのみやじんじゃ　浜田町四丁目六二

慰霊之碑

創建は昭和二十九年。祭神は熱田大神で、津島社、秋葉社を相殿に祀る。

九　柴田新田　しばたしんでん　元柴田東町、西町他

天白川の北が北柴田新田で、南が南柴田新田である。宝暦六年（一七五六）名古屋納屋町の柴田屋新兵衛が開発した。北柴田新田は田十一町余、畑七町余。

青峯山　あをみねさん　鳴尾町八ノ割二三五四
稲荷神社の境内青峯観音堂内に安置してある。

稲荷神社　いなりじんじゃ　鳴尾町八ノ割二三五四
創建は『南区神社名鑑』に宝暦六年（一七五六）とあり、『愛知県神社名鑑』に天明五年（一七八五）とある。
境内末社は神明社、秋葉社、琴飛羅社、稲荷社、津島社。境外末社の龍神社につき、『南区神社名鑑』に、

　　龍神社由来
昭和三年頃迄柴田新田の西方築堤の内側にあり　其の外側海にてあり　その昔海の荒波により堤防がよく破壊され海水が侵入し難儀を重ね困つた村民が堤防の近くに龍神様をお祀りせし処以後決壊を逃れたという

とある。西柴田西町二丁目に櫻ノ宮龍神として鎮座。

弘法堂　こうぼふだう　柴田町五丁目二三
柴田公民館となる。
伊勢湾台風殉難者慰霊母子像　左手に赤ん坊を抱き、
右手に幼い子を連れた像である。
三十三観音像　弘法堂の前面左側にある。

庚申塚

櫻ノ宮龍神

庚申塚　左手に「青面金剛童子」と刻んだ石がある。
六地蔵　中央に阿弥陀如来を配した六地蔵。

櫻ノ宮龍神　さくらのみやりうじん　元柴田西町二丁目
稲荷神社の境外社。昭和三年まで柴田新田の西方築堤の内側に鎮座してゐた。燈明台に大正十一年とあり、昭和十年の碑がある。平成十四年現在地に移つた。

柴田駅　元柴田東町二丁目
明治四十五年に愛知電気鉄道の路線が開通し、当時は星崎駅で、大正六年頃星崎から柴田になつた。熱田の伝馬から星崎までの運賃は八銭であつた。

千鳥橋　ちどりはし　源兵衛町一丁目

天白川に架る知多街道の橋。明治三十年に橋が架るまでは渡し舟であつた。木橋で幅は三・五米。車がすりかはる為に橋の中央は六米の幅になつてゐた。

昭和十二年に二車線で長さ百九十五・一米、幅十二米の鉄橋になつた。昭和四十二年に長さ百八十・六九米、幅十二・二五米の橋を新造し、旧橋は南行き専用、新橋は北行き専用とした。

白水神社　はくすいじんじゃ　白水町三六―一九五

昭和二十五年の創建。祭神は熱田大神。秋葉社を相殿とする。伊勢湾台風で被害を受け再建した。

新伝馬新田　しんてんましんでん　長三郎新田の別名。

十　新宝生新田　しんほうしゃうしんでん

天保元年（一八三〇）宝生新田の西に新宝生新田が築かれた。今は港区本星崎町。廿七町七反四畝十五歩。

当栄新田　たうえいしんでん　加福新田の別名。

十一　道徳新田　だうとくしんでん　御替地町、豊田町

又兵衛新田の北にある。享保十三年（一七二八）天白川を山崎川に流すため流路を変更したところ、山崎川の水害が度々発生し、元に戻した。天白川下流の天白古川新田を取潰す事になり、替地として築いた。当初戸部下前新田と呼び、御替地新田とも云つた。文化九年（一八一二）に道徳新田と改めた。田十二町七畝余、畑八町三反余。

神明社　しんめいしゃ　豊田二丁目八―一八

寛保二年（一七四二）創建。熱田社と津島社とを相殿に祀り、境内末社に龍神社、池鯉鮒社、秋葉社、稲荷社がある。稲荷社は昭和八年の勧請。

龍神社に円空作の龍神像が祀られてゐる。龍が観音

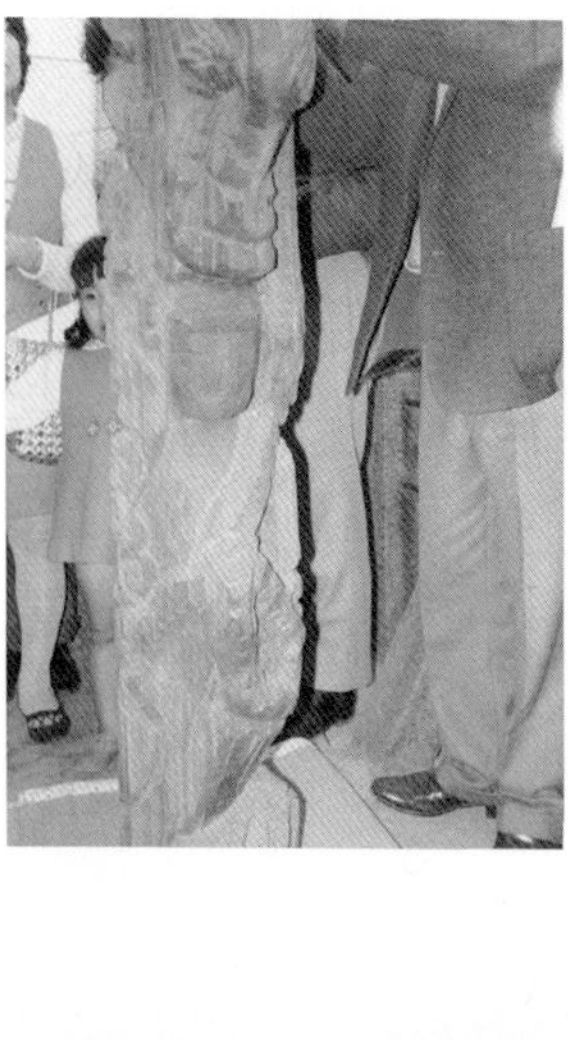

円空作龍神像　昭和

像へ彫刻されてゐる。円空が荒子観音に滞在中、新田百姓が懇望して安永九年（一七八〇）荒子観音から迎へたもので、高さ一米二十糎。

道徳橋　だうとくはし　豊田五丁目

山崎川に架る。昭和二十七年の『名古屋南部史』に、

道徳橋　（木橋）　昭和五年三月架換

長さ六十米八　幅員五米九

とある。今の橋は昭和三十八年二月の改築。

豊徳寺　ほうとくじ　豊田一丁目二七―一六

真宗大谷派圓明山。本尊阿弥陀如来。

大矢源一『道徳前新田沿革史』に、

以前は東別院所属の説教場で、明治三十九年県下中嶋郡鍛冶ヶ一色から移転して来たものであるが昭和二十七年四月寺号を称ふるに至り道徳地内では第一の古刹である。

とある。昭和十九年の地震で本堂が倒壊し、昭和二十八年再建した。境内の楠は日露戦争戦勝記念樹で、伊勢湾台風の時一本だけ残つた。

十二　道徳前新田　だうとくまへしんでん　道徳本町他

道徳新田の西にある。文化十四年（一八一七）海西郡塩田村の鷲尾善吉が着工し、文政四年（一八二一）に完成した。しかし度々の災害で復旧資金が尽き、尾張藩の御小納戸に譲つたので御小納戸新田とも云ふ。面積百二十五町余で、新田中で最も広い。

稲荷社　いなりのやしろ　いなりしや　豊田一丁目二〇―二一

文政四年（一八二一）の勧請。『南区神社名鑑』には文化十四年創建とある。平地の新田は縄入の年より前に神社を勧請する事はあるものの、鳴海潟の海中に神社が建てられる筈は無く誤である。

末社は神明社、熱田社、池鯉鮒社、多度社、秋葉社。

青峯山　境内の東端に堂があり祀る。天保八年（一八三七）に勧請して旧山崎川左岸堤の上に祀つてあつた。昭和十五年に稲荷社に移したが、大東亜戦争の戦災で無くなり、昭和三十七年に再建した。

力石　二個の力石が境内の西端に置いてある。南区の力石については読物の「力石」の条参照。

名古屋市内に稲荷は十七社あり、市内六位である。

観音公園　くわんおんこうえん　観音町一丁目

昭和十八年に名古屋桟橋倉庫が土地を寄附し、名古屋市が公園とした。伊勢湾台風の慰霊碑「我等と共に」が建つ。文は尾崎久彌撰。

観音の由来は公園の北方に観音山があつた事に拠る。昭和七年名古屋桟橋倉庫が内部二階建の山を作り、一階にはスケート場、南には高さ十米の滝が落ちるプール、頂上には高さ約六米の観音像が祀られてゐた。昭和三十九年に会社が解散し、観音山は取壊された。

観音公園慰霊碑

弘法大師　こうぼふだいし　道徳新町二丁目四三

堂の中に弘法大師が修行する後姿の像を安置する。

弘法堂　こうぼふだう　豊田一丁目五〇

大矢源一『道徳前新田沿革史』に、

道徳新田開築後まもなく建立せるものと云ふ。効験あらたかとて参詣者多し空襲に依り焼失、其後美濃より本尊を迎へて再建した。

とある。加納誠『南区の歴史ロマンをたずねて　道徳学区の歴史』に拠ると、弘法堂の前にある六地蔵、天保十一年（一八四〇）の石柱、嘉永七年（一八五四）の手水鉢は道徳橋東北に昭和三十年代まであつた墓場から移した。

道徳駅　だうとくえき　豊田一丁目一二

明治四十五年愛知電気鉄道の路線が開通した。道徳駅は二月十八日に出来た。単線が複線になつたのは大正十三年。昭和二十年に空襲で休止になり、昭和二十四年に復活した。昭和五十九年に高架になつた。

道徳公園　だうとくこうえん　道徳新町五丁目

大正十五年より豊田土地区画整理組合が工事を始めた南区で最も古い公園である。

頌徳碑　新田を開築した鷲尾善吉を称へる。昭和三十年に建立。

鯨池　昭和二年に後藤鍬五郎が製作した鯨を置き、現存する。鯨は混凝土（コンクリート）製で長さ約十米。後藤鍬五郎は聚楽園の大仏や長浦海水浴場の大蛸も造つた。

マキノ中部撮影所　昭和二年に起工し、翌年に閉鎖した。公園の南半分にあつた。

他に相撲場、弓場、運動場、野球場など多くの施設があり、当時の国旗掲揚台、月見池（当時は黎明（れいめい）池）、入口の門柱などが現在ある。

鯨池

東昌寺　とうしやうじ　観音町三丁目一四

曹洞宗豊川山。慶長年間三河国宝飯郡大村に開創し、明治四十四年豊橋市三輪町に移り、昭和初年に当地に移つた。観音山取壊しの時、麓にあつた観音一体を観音堂を作つて安置した。

東昌寺　観音堂

庇の神　ひさしのかみ　道徳新町一丁目

熱田社、秋葉社、津島社を大正十年より民家の庇に祀つてゐた。家の取壊しの為、昭和五十五年山神社の境内に祀つた。

法筵寺　ほふえんじ　観音町八丁目八一

日蓮宗妙高山。本尊大曼陀羅。昭和三年布教所を開き、昭和五十四年妙高山法筵寺として創立した。

山崎川駅　やまざきかはえき　豊田五丁目

加納誠『南区の歴史ロマンをたずねて　道徳学区の歴史』に、道徳駅の南七百米の所に山崎川駅と云ふ貨物駅が出来、昭和四十七年七月に廃止になつたとある。

山神社　やまのかみのやしろ　やまのかみしや　道徳通二丁目七二

大矢源一『道徳前新田沿革史』に、

新開地内に氏神無きを遺憾として地元民の賛同の下に十六年千種区鍋屋上野に鎮座せるを移し取あへず観音町二丁目に奉祀し十八年九月現地に社殿を造

営遷座したものである

とある。空襲や伊勢湾台風で全焼、倒壊し、昭和三十八年に再建した。

境内社の稲荷社はマキノ映画撮影所にあったものを移した。昭和五十六年新社殿となる。津島社、秋葉社、神明社は庇の神として祀つてゐて、昭和五十五年に移した。

昭和三十九年に鷲尾善吉の碑を建立した。

廻向寺　ゑかうじ　観音町九丁目一一四

真宗大谷派道徳山。昭和三年に説教所として発足し、昭和二十七年廻向寺となつた

十三　丹後江新田　たんごえしんでん　丹後通

寛政七年（一七九五）八左衛門新田と源兵衛新田との間の堤防を開発した。田三町三反余、畑七反余。

十四　長三郎新田　ちやうさぶらうしんでん　内田橋他

古伝馬新田と同じく伝馬費用助成の為元禄九年（一六九六）に開発したので新伝馬新田と称した。古伝馬新田の西にある。何度も堤防が切れて維持が困難になり、正徳四年（一七一四）に熱田材木町の江戸屋長三郎に三百両で売渡したので長三郎新田と呼んだ。田は十五町五反四畝余、畑は二町四反三畝余。

弘法堂　こうぼふだう　内田橋二丁目一六—八

昭和三年にすぐ北の豊田本町神社に移築した。昭和二十年五月の空襲で焼失したが復旧した。入口に地蔵二体がある。

弘法堂　こうぼふだう　豊二丁目三—一六

堂の名前は「伝馬弘法堂」とある。神明社の右手。

「弘法講」として掲示がある。

当弘法堂にて毎月二十一日九時から十時半にかけてお参りがおこなわれます　お気軽にお立ち寄りください

初めての人が気軽に参加出来るやうに呼掛けるもので優れた取組である。

神明社　しんめいしや　豊二丁目三—一六、一七

創建は『南区神社名鑑』に正徳二年（一七一二）以降と推定してゐる。昭和十四年に現在地に移転した。

神明社

境内社は社殿の右側に天王社があり、左側に松山稲荷社がある。松山稲荷の名からすると、古くは別地に祀つてゐたのではないかと思はれる。

昭和六十年に長三郎新田の歴史を記した郷士碑がある。

拝殿の右手に力石が三個あり、今は一部が埋めてあつて持上げる事は叶はない。道徳新田の神明社には二個あるが、三個あるのは珍しい。力石については読物「力石」の条参照。

この神社では月一回社務所が「てんま茶屋」になる。毎月第四土曜日九時半より十二時まで、珈琲、紅茶、果汁、善哉が全て百円で提供される。

豊田本町駅　とよだほんまちえき　豊一丁目

昭和三十二年に開設した。町名の「豊」は歴史に無く捏造であり「豊田」とするのが望ましい。

豊田本町神社　とよだほんまちじんじゃ　内田橋二丁目一六—八

祭神は熱田大神。境内社は神明社と秋葉社とで、三殿が並ぶ。別に右側に加寿稲荷があり、昔からあつた由。元は伝馬町の溜屋堀田家に因み堀田神社と云つた。新しい地名が出来てから豊田本町神社と改めた。創建は昭和三年。入口に二体の地蔵菩薩がある。

豊郷神社　ほうがうじんじゃ　内田橋一丁目一八—一一

大正十四年の創建。祭神は熱田大神。昭和六年に南方より現在地に移した由。境内社は津島社、秋葉社で、別に昭和三十年伏見から勧請した青木稲荷が左側にある。

十五　忠治新田　ちゆうぢしんでん　忠次他

享保十二年（一七二七）熱田社の神主田島肥後が開発を試みたものの成就せず、熱田の田中町の忠次郎が享保二十年に開墾した。田は九町四反六畝余、畑は三畝余。

『尾張徇行記』に「忠治」、「忠治新田」、「忠次」、「忠次郎」とあり、今橋名は「忠治橋」、神社名は「忠次稲荷神社」、町名は「忠次」と混用する。

忠次稲荷神社　ちゆうじいなりじんじや　忠次二丁目二—一二

創立年代は不明。古くは今より西の地にあり、区画整理で遷座し、昭和二十八年頃現在地に遷座した由。昭和五十年に拝殿、本殿を新造した。

忠次稲荷神社

忠治橋　ちゆうじはし　忠次二丁目

『名古屋南部史』に、

昭和二十二年二月二十八日架換（木造）

とある。今の橋は「昭和三十九年八月改築」とある。

井上忠次郎屋敷　ゐのうへちゆうじらうやしき　戸部下二丁目

忠次稲荷神社の北方、忠治橋西北の右岸堤防下に屋敷の石垣が残つてゐたと云ふが、今は無い。

十六　図書新田　づしよしんでん　内田橋他

紀左衛門新田の東にある。畑九町五反余。正徳三年（一七一三）の開発。

豊門神社　ほうもんじんじや　内田橋二丁目七—一三

祭神は天照大神。相殿は熱田大神、多賀大社。境内社は稲荷社、秋葉社、津島社、塩竈社。創建は昭和十一年。元は東南にあり、昭和五十三年に現在地に遷座した。

十七　戸部下新田　とべしたしんでん　戸部下町他

道徳新田の東にある。元禄十一年（一六九八）開発に着手し、享保十三年（一七二八）完成。別名は祐竹新田。田は七町三反余、畑は三町二反二畝歩余。

祐竹橋　いうちくはし　戸部下一丁目

山崎川に架る。池田陸介『ふるさと散歩』に、

明治の頃は、人が渡れる幅の板が架けられており、舟が通る時は、板を川へ落としたそうです。板の一方を鎖で止めて流れるのを防ぎ、橋を元に戻すには

難儀をしたそうです。

とある。その後板橋になった。昭和二十一年に架替へた記録がある。今の橋は昭和五十二年の竣工。

弘法堂　こうぼふだう　戸部下一丁目三—四一

昭和二十年空襲で神明社の社務所兼弘法堂が焼失し、昭和三十年に再建した。

神明社　しんめいしや　戸部下一丁目三—四一

創建は享保十三年（一七二八）。『南区神社名鑑』に、

産土神として伊勢大神、熱田大神、戸部天王を勧請し神社名を三所社と称してお祀りする。後嘉永時代（一八五〇頃）疫病が流行し之が消除の為津島天王をお迎えして合祀す

とある。境内社は秋葉社。

郷土碑があり、戸部下新田の歴史を記す。

戸部下前新田　道徳新田の別名。『尾張徇行記』に文化九年（一八一二）より道徳新田となつたとある。

十八　鳴海伝馬新田　なるみてんましんでん　要町　天白町

鳴海宿の伝馬役人助成の為、寛文十二年（一六七二）に開墾した。二十五町三畝八歩。東は牛毛村、南は天白川を隔てて込高新田、西は源兵衛新田、北は西側が繰出新田、東側が八左衛門新田である。『下里知足日記』には主に馬持新田と記す。明治九年には十三軒であつた。

『日本歴史地名大系　愛知県の地名』、『南区誌』に明治十一年鳴尾村となつたとし、『角川日本地名大辞典　愛知県』に明治九年とする。しかし永井勝三『鳴尾村史』に、

（明治五年）八月に牛毛荒井・伝馬新田・丹後江新田・源兵エ新田、柴田新田の五村を合併して鳴尾村成立す。

とある。今は天白町、要町であるが、字前之輪や字丸内の人は「伝馬に行く」と言ふ。伝統や歴史を重んじ鳴海伝馬町と正しく改めてほしい。

大泉寺　追悼之碑

大泉寺　だいせんじ　天白町一丁目二〇—三

曹洞宗白雲山。

本尊釈迦牟尼仏。

『大泉寺設立誌』

に、

昭和二十八年　現在の地に布教所を設けた。
昭和三十七年　鳴海町字作町如意寺の本堂を移築した。

とある。

「伊勢湾台風殉難者追悼之碑」がある。

天白神社　てんぱ（は）くじんじゃ　天白町三丁目九―二七

創建は昭和十二年以降であらう。祭神は天照大神。境内社は熱田神宮、多賀大社、北野天満宮、秋葉神社。

八幡神社　はちまんじんじゃ
要町五丁目一七一

『南区神社名鑑』に昭和四十一年創建とあるが、江戸時代に遡る。元来は鳴海八幡宮の神主久野氏の扣である。但し江戸時代の何時頃かは不明としてゐる。境内十歩が除地であった由。本来の神社名は八幡社である。

境内社は秋葉社と稲荷社との二社。

八幡神社

化物新田　ばけものしんでん　加福新田の別名。

十九　八左衛門新田　はちざゑもんしんでん　星崎　南野

『日本歴史地名大系　愛知県の地名』に「南野村の東にある」の「東」は「西」の誤。鳴海伝馬新田の北にある。同書に、

開発は、寛文一二年（一六七二）・宝永二年（一七〇五）・享保元年（一七一六）などの説がある。

とある。『大正昭和名古屋市史』に、

一番奥にあたる八左衛門新田は慶安四年以前の開発にかかるものである。

とある。『千代倉家日記抄』宝永二年五月朔日条に、

奉行衆昼比ニ被参南野八左衛門願新田場ト此方場所ト言合有。絵図等出ス。暮方御代官横地仁兵殿御越、金右ニ而絵図御覧。

とある。「此方場所」とは鳴海伝馬新田であり、北に八左衛門新田が出来るにつき、調整をしてゐる。

従って寛文十二年や慶安四年以前とする説は誤であり、宝永二年着手である。『江戸後期南野村絵図』に「八左衛

門新田出来始メ宝永三酉年」とあるのは「宝永二酉年」の誤。享保元年（正徳六年）は『尾張徇行記』に「正徳六申年検地」とある通り検地の年であり、開発の年ではない。田三十二町四反余、畑二町余。

稲荷社　いなりのやしろ　いなりしゃ　南野二丁目六九

稲荷社

『愛知県神社名鑑』に宝永二年（一七〇五）社殿を建立したとあり、『南区神社名鑑』に嘉永年間（一八四八―五四）の創建とある。元文五年（一七四〇）に修復した棟札がある由で、宝永二年であらう。

今の鎮座地は南野村内であり、八左衛門新田の鎮座地から移転した。鳥居に昭和三十六年に再建したとあり、この年に移転したのであらう。

境内社は秋葉社。

福井八左衛門先祖代々供養碑が稲荷社境内にある。大正三年の建立。『南区の神社をめぐる』に大正十年とあるのは誤。碑に「大正三年二月」とある。

弘法堂　こうばふだう　南野二丁目七〇

八左衛門新田に大正時代からあり、移転した。

二十　氷室新田　ひむろしんでん　氷室町他

道徳新田北にあり、安政三年名古屋若宮神社の氷室長冬が赤塚の嘉兵衛の援助で開発した。山崎川の旧川筋を開発したので東西に細長い。九町五反余。

若宮八幡社　わかみやはちまんしゃ　豊二丁目二六―一〇

若宮八幡社

創建は安政三年。本殿の左側に氷室稲荷が祀られてゐる。境内社は、秋葉社、神明社。

境内に「氷室長冬開墾地」の碑が建つ。明治三十七年に長冬の孫が建立した。

二十一　氷室外新田　ひむろそとしんでん

明治元年氷室新田の西に氷室外新田が築かれた。三条町。八町七反三畝廿六歩。

二十二　宝生新田　ほうしやうしんでん　宝生町

水袋新田の西にある。寛政五年（一七九三）の開発。田十四町九反十五歩、畑二町五反一畝二十八歩。

『名古屋市南区郷土史』に本地村庄屋につき、

南区弥次ヱ町、宝生、水袋、大江新田は中村弥次右衛門が開拓した土地であつて本星崎町発展の鼻祖はこの人であつた。

とある。蓬左文庫蔵『桶峡間圖』に「宝生寺」があり、『張州府志』に本地村の曹洞宗の寺として「宝生寺」がある。『寺社名録』、『寺社志』には見えるが、天保十四年（一八四三）の『尾張志』には見えない。『張州府志』は宝暦二年（一七五二）の藩撰であり、その頃はあつたものの、後に廃寺になつたと思はれる。この宝生寺の名を取り宝生新田と名付けたに違ひない。

『角川日本地名大辞典　愛知県』、『日本歴史地名大系　愛知県の地名』などに宝生新田について開発者を記さぬが、中村弥次右衛門であらう。

神明社　しんめいしや　宝生町三丁目一三八

『南区神社名鑑』に創建を安政年間（一八五四―六〇）とする。しかし天保十四年（一八四三）の『尾張志』に「宝生社　宝生新田」とあり、安政などではなく、天保十四年より前である。

同書の由緒に、

神明社は宝生新田北詰に鎮座されましたその後大江橋北へ遷座されましたその折秋葉社が祀られ大正六年御社殿が再建された昭和十六年新田の整理と共に現在地へ再び遷座し津島社も祀る

とある。

二十三　又兵衛新田　またべゑしんでん　東又兵衛町

忠治新田の南にある。『日本歴史地名大系　愛知県の地名』に「正徳四年（一七一四）の開発」とある。しかし『尾張徇行記』に「正徳五未年開墾也」とあり、正徳五年が正しい。開発者は笠寺村の加藤又兵衛。十町一反余。

稲荷社　いなりのやしろ　いなりしや　東又兵ヱ町四丁目二〇

正徳五年創建。『南区の神社をめぐる』に、平成二年に大生稲荷神社と改めたとある。

二十四　又兵衛新々田　またべゑしんしんでん　西又兵ヱ町

寛延二年（一七四九）笠寺村の加藤又兵衛の開発。又兵衛新田の西にある。田畑拾町四反五畝余。

大法寺　だいほふじ　港東通一丁目一一

臨済宗妙心寺派。本尊聖観世音菩薩。

元和二年（一六一六）熱田に建立した。大東亜戦争中にB二十九の空（ク）襲により焼失し、昭和二十五年現在地に移転した。

妙教寺　めうけうじ　西又兵ヱ町二丁目九七

日蓮宗福徳山。昭和十一年創立。

開基は山口はる。はるの妹日徳法尼が開山。

二十五　水袋新田　みづぶくろしんでん　北頭町他

又兵衛新田の南にある。享保十年（一七二五）本地村の中村弥次右衛門が開発した。田は二一町三反六畝余、畑は三畝。

神松地蔵菩薩　かみまつぢざうぼさつ　神松町二丁目二四

地蔵堂内に北面して座像の石仏が安置されてゐる。『南区の神社をめぐる』に、鳴尾村（牛毛荒井村）の庄屋永井隆（たか）が大江川の岸に安置し、昭和十八年の大江川改修工事の折に現在地に移されたとある。

中井筋　なかゐすぢ

『尾張徇行記』に、

一用水ハ中井筋カヽリ也、此井筋ハ上ノ八事山ヨリ涌出ス、旱（ヒデ）リニモ此水涸ルヽ事ナキ由、井組ハ八事村中根村山崎村新屋敷村桜村笠寺村本地村水袋新田ナリ

とある。

松水神社　まつみづじんじや　中割町四丁目五四

江戸時代後期の『水袋新田絵図』の大江川の岸に「水袋新田鎮守社　加霊松神社」が記してある。『南区の神社をめぐる』に、

加霊松の由来は、この近くで枯れた松を植えたらそれが根付いて成長した、という伝説があり、枯れ松＝加霊松の名が付けられたと伝えられ、

とある。昭和三十四年に引継ぐ形で松水神社が創建された。「松」は神松、「水」は水袋新田より取る。

祭神は熱田大神で、相殿は天照大神、素盞嗚尊、日本武尊。東の境内社は秋葉三尺坊大権現、西の境内社は神松大明神、別に末正、末龍稲荷大明神が鎮座する。

松水神社

二十六　明治新田　めいぢしんでん

紀左衛門新田の北にある。明治十一年に開発された。九町七反三畝廿六歩。

池田陸介『南区の地名』に、

明治四十年から海苔の養殖もはじまり、昭和十三年には生産量が全国一。

明治新田内には愛知県水産試験場が明治三十五年に設立され、

とある。

二十七　弥次右衛門新田　やぢゑもんしんでん

弥次エ町

七子新田の北にある。『尾張徇行記』に延享二年（一七四五）や寛政九年（一七九七）の記事が見える。

第三章　読　物

一　年魚市潟と鳴海潟と

吉田東吾『増補大日本地名辞書』に、

　年魚市潟址　今熱田の内港より、北へ湾入せし一江なりしならん

　鳴海潟址　蓋笠寺、星崎の南にあたり、大高の北、天白川の末に一江湾ありて、之を鳴海潟と称したる也。

とある。この考へは古くからあるが誤である。

　拙著『枕草子及び平安作品研究』（和泉書院）、『枕草子及び尾張国歌枕研究』（和泉書院）より一部を抜粋する。

　「あゆち」は尾張国の郡名として「年魚市郡（日本書紀）」、「愛知郡（続日本紀）」として古くより用ゐられ、尾張の海を「あゆちがた」として示したが、後になると主に大地名の郡名として用ゐられ、海を示す地名には専ら「鳴海潟　鳴海の浦」が用ゐられるに至つた。

　年魚市潟は上代に用ゐられ、鳴海潟は主に平安時代以降に用ゐられ、時間的な用法の違ひがある。鳴海潟が東で、年魚市潟が西であるといふやうな空間的な違ひではない。

　海道記

　八日、萱津を立ちて、鳴海の浦に来りぬ。熱田の宮の御前を過ぐれば、示規利生の垂跡に跪きて、一心再拝の謹啓に頭を傾く。

『海道記』の文意から熱田神宮の前は鳴海の浦である事が明らかである。

　　とはずがたり

　尾張の国熱田の社に参りぬ。（中略）御垣のうちの桜はけふ盛りとみせがほなるも、誰がためにほふ梢なるらんとおぼえて、

　　春の色もやよひの空になるみ潟
　　　いま幾ほどか花もすぎむら

　社の前なる杉の木に、札にて打たせ侍りき。思ふ心ありしかば、これに七日こもりて、また立ち出で侍りしかば、鳴海の潮干潟をはるばる行きつつぞ、社をかへりみれば、霞の間よりほのみえたる朱の玉垣神さびて、

　熱田神宮で鳴海潟の和歌を詠んでゐるし、鳴海潟から社の建物を振返つてゐて、熱田のすぐ東は鳴海潟である。

　この他にも熱田の海を鳴海潟とした和歌や紀行文は多い。一方年魚市潟は漠然と詠むだけで、地域を指定出来るものは全く無い。萬葉集を参考にして題詠としたもの

鳴海潟古覧『尾張名所図会』

に過ぎない。

『万法宝蔵一切大成』の天和三年（一六八三）条に「惣名鳴海潟と申候へハ、師崎前ゟ桑名前迄」とあり、正徳三年（一七一三）条に「鳴海之儀は、熱田前ゟ見渡シ、西南知多郡浦々海つら、惣名鳴海潟と、古来ゟ申来り候」とあり、伊勢湾の北方全体を鳴海潟と呼んだ伝統が江戸時代にまで引継がれた。

結論として、年魚市潟の地名が実際に存在して用ゐられたのは萬葉集の時代のみで、それ以降は実際に用ゐられる事は無かつた。紀行にも見えない。平安時代以降の鳴海や熱田の前面の海に年魚市潟と記すのは虚名を記す事になり、控へるのが適当であらう。

平安時代以降は年魚市潟に代つて鳴海潟と鳴海の浦とが専ら広く用ゐられた。伊勢湾北方の海全体を指し、熱田から鳴海までに言ふ。熱田の前も鳴海潟に含まれ、鳴海方面に限られたものではない。同じ海を上代に年魚市潟と呼び、主に平安時代以降に鳴海潟と呼んだとするのが正しい。

二　青　峯　山

鳴海潟の各地の沿岸に水難除けの為に石造の青峯（あをみね）観音が祀（まつ）られた。鳥羽市の真言宗青峯山正福寺より勧請した十一面観音である。

青峯山正福寺は天平年中の建立と伝へる由緒ある寺である。本尊は十一面観音。相差の海中より出現したと伝へる。志摩で一番高い山で、標高は海抜三百三十六米。

青峯山　天白川堤

海上安全、豊漁をもたらすとして船頭や漁師に篤く信仰され、志摩の海女にも信仰が広がつた。元来祀られたのは新田の堤防、山崎川、大江川、天白川、扇川の堤防、湊などであつたが、皆場所が変つた。戸部下新田堤防と道徳新田堤防とにあつたものは今無い。青峯山発祥の碑に、

本尊十一面観世音菩薩は、腰に蓑をつけた漁夫の姿をした眩しい光を放つ黄金仏である。この本尊の由来については、同時代に他所からこの地に移り住んだ浜の平晴光という武士がいた。この人が、後の青山半兵衛の祖先である。或る夜、村人の話に毎夜浜

辺に怪しげなる光が差すとの事を聞き、人々は恐れおののいて夜は戸外に出ないとの事であった。晴光は是を聞き、我も武士の身である上は真否を確めてみんと、勇み暗夜の浜辺に出てみた処が如何にも件の光を見た。これとばかり夢中で海中に躍り入り怪物を取りおさえてみれば、これ如何に、大きな鯨の背に乗った丈一寸八分の黄金仏である。喜び勇んで我家に持ち帰り其の夜は寝についた処が、夢の告げに高い山に昇りたいとの事であり、夜の明けるを待って晴光は村人と相談の上、志摩国で一番高い山に祀る事にした。それが今の青峯山であった。

とある。原藤広『青峯山信仰』に拠る。

三　牛馬の塩への貢献

星崎の塩には牛馬の貢献を忘れてはならない。
南野村の塩屋村瀬六兵衛の塩倉址では後代になつても床が水分を帯びていた由。

六兵衛は飼ってゐる牛に塩倉で塩を食べさせ、次に塩屋へ連れて行き、牛の背に塩俵を乗せて、「さあ　家へお帰り」と言ひ付けた。牛はとぼ〳〵と塩を六兵衛の塩食へ運んで行つた。そしてその後も牛がひとりで塩を運んだ。

荒川泰市他『星崎の塩浜』に拠る。

飛驒国や信濃国など遠い所には馬で運んだ。飯田や中津川の方へは塩付街道を用ゐた。拙著『東海道鳴海宿』（中日出版）の第八章　人馬継立に、天保十四年（一八四三）公定の相対賃銭は鳴海宿より、

	池鯉鮒宿まで	熱田宿まで
本馬	百八拾九文	百八文

とある。「本馬」には四十貫目まで積む。『鳴海宿書上帳』（なるみ叢書　第十九冊　なるみ土風会）に

鳴海宿より池鯉鮒宿まで　二里半十二町
鳴海宿より熱田宿まで　一里半六町

とある。

塩を運ぶ場合は一俵七貫の塩俵を四俵積んだのが一駄で、一人の馬方（馬子）が四頭の馬を牽いた。東海道では宿毎に荷を積替へるので割高になるが、そのまま目的地まで運んだので割安であつた。二十八貫と荷が軽いのは遠くまで輸送する馬を労つたのであらう。街道のところ〳〵に馬頭観音を祀り、馬の安全を祈つた。足助方面には馬頭観音の下に馬接待水があり、人間の馬への愛情が感じられる。

四　高　札

高札は庶民に法を公示する為のもので、幕府は一　雑事（忠孝　親子）、二　吉利支丹、三　毒薬、四　駄賃、五　火付の大高札と呼ばれる高札を重視し、他にも抜荷、鉄砲、博奕（ばくえき）（博打）などの高札があつた。

鳴海宿の高札は『寛文村々覚書』に八枚とあり多かつたが、南区の村では、山崎村、戸部村、笠寺村に各一枚の吉利支丹禁制の高札が立てられた。

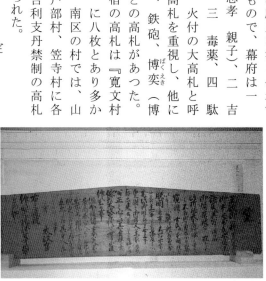

定

一　切支丹宗門ハ累年御制禁たり、自然不審成もの有之ハ申出へし、御褒美として

はてれんの訴人　銀五百枚

いるまんの訴人　銀三百枚

立帰り者の訴人　同　断

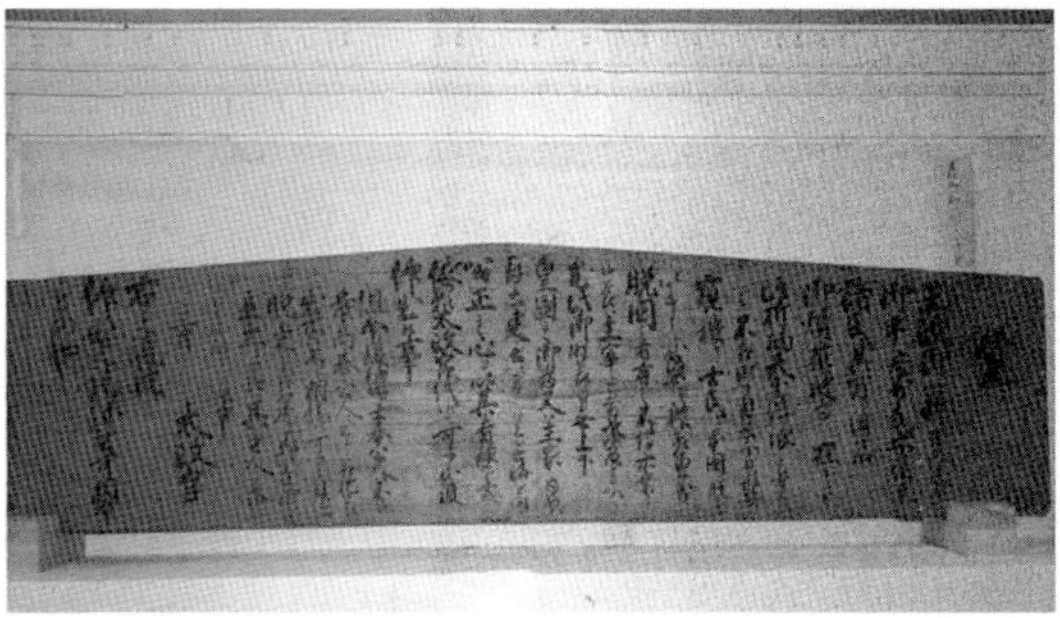

高札　鳴海宿

同宿幷宗門の訴人　銀百枚

右之通下さるへし、たとひ同宿宗門の内たりといふとも、申出る品に寄、銀五百枚下さるへし、隠し置他所よりあらわるゝに於ゐてハ、其所の名主幷五人組まて、一類共に罪科おこなわるへきもの也、

正徳元年五月日　奉行

五　小松江

『能因歌枕』の「国々の所々名」に諸国の歌枕を記す中に、尾張国として十ケ所を挙げる。

うづきの社　たくなは　ほしざき　おとなし

山　おとぎゝの山　としなり　あくもの社

おほねがは　こまつえ　ふたむら山

今あるのは「ほしざき」（星崎）、「おとぎゝの山」（音聞の山）、「ふたむら山」（二村山）の三ケ所のみである。「こまつえ」に漢字を宛てると「小松江」が考へられる。今も残る三ケ所の中で「ほしざき」は鳴海潟の地名であり、「おとぎゝの山」は鳴海潟を見降す八事の山であり、二村山は頂きから西に鳴海潟を眺め、東に衣の浦を見やる。三ケ所とも鳴海潟近くの歌枕である。

『歌枕名寄』の尾張国の和歌は、
鳴海　二十三首　星崎熱田　一首　阿波堤　十一首
二首　床島　一首　萱津原　一首　夜寒里
一首　松風里　一首

であり、尾張国四十首の中で鳴海は半数を超える二十三首である。星崎、夜寒里、松風里は鳴海潟の中で歌枕であり、尾張国の和歌の六割五分が、鳴海、鳴海潟の和歌となる。

尾張国の海は熱田から鳴海までの鳴海潟（今の伊勢湾北部）であるから、「江」は鳴海潟のどこかの地に求め得る。

ところで笠寺は昔から今の東海道沿の小高い地にあったのではない。今の地から七丁程南の南区粕畑町三丁目が旧地であり、観音塚として榎の大樹の下に小堂があり旧地を保つてゐる。近くに縄文早期末の土器を出土した粕畑貝塚があり、共に古くは鳴海潟が直ぐ前にあり、海水が満ちてゐた。

観音塚の北方は標高十米程と小高くなり、笠寺町の字中切。字市場となる。ここと東北方の見晴町との間に開析谷があり、西方にも開析谷がある。海面の高い時代には入江になつてゐた訳で、小松江と名付けられたのであらう。

古東海道の鳴海潟の主な道筋に、満潮の時に通る上野の道と、干潮の時に通る浜路とがあり、浜路は小松江のすぐ近くを通つたので小松江の名が京にまで知られたのであらう。

当地の歌枕は、大地名の鳴海、鳴海潟、鳴海の浦の他に、鳴海に含まれる呼続の浜、松風の里、寝覚の里、夜寒の里など小地名の歌枕が世に知られた。小松江も鳴海に含まれる小地名の歌枕であつた。

結論として、『能因歌枕』に見える尾張国の歌枕「こまつえ」は漢字で宛てれば「小松江」であり、笠寺の旧名の小松寺に名を留めた。名古屋市南区粕畑町の観音塚近くの鳴海潟の入江であつたと考へられる。

榊原邦彦『枕草子及び尾張国歌枕研究』（和泉書院）

六　小松寺の創始

笠寺の古称は小松寺で、寺地は現在の七百米余南であつた。鳴海潟の入江で歌枕の小松江に近かつた。

『尾州愛知郡星崎笠覆寺由来記』に拠ると、愛知郡呼次の浜杢古崎（まつこ）の北の原に坂野と云ふ所があり、坂野大夫と云ふ人があり、子供が貴い上人となり善光上人と云つた。その頃呼次の浜に漂つてゐる古木があり、上人の夢に見えたのは、我唐土(もろこし)けい団(たん)国の霊木なり、衆生を化導する為に十一面観音の像を彫るべしとのお告げであつた。上人は霊験無双の十一面観音像を彫り、天林山小松寺に安置した。

ここで「けい団国」とあるのは『東京教育大本下学集』に「契丹　ケイタン　キッタン」とある実在の国名で、蒙古、満州の地に十世紀初めに建国された蒙古族の国である。

右当寺はいにしへ建立の霊地観音利益の道場なり。其本地を尋るに。つたへ聞むかし呼続の浦に一の木あり。いづくともなく浪にうかみてたゞよひよれり。其木よりひかりさしよりよりてかゞやく。これをみる人は時ならずおはします。其名を禅光と名づく。行学不思議にして遠も近きも皆随喜の思ひをなし。高きいやしきおの〳〵帰依の心をなせり。ある夜彼上人ふしぎの夢想をかうぶりたまふ。其告にいはく。よびつぎの浦にうかべる木はこれよりはるか桂旦国預山といふ所の霊木なり。此木にて十一面の観音の像をつくるならば。もろ〳〵のひとくさを安穏にまもり利益し給はんと。霊夢あらたに見へ給ふ。上人夢さめきどくの思ひをなし。たちまちに信心をこらし。去天平五年癸酉。霊木をもちひて十一面の観音の像をつくりあらはし。則一字の精舎をたてゝこれを安置したてまつり。其名を小松寺とがうす。

『尾張国笠寺縁起』（『続群書類従』巻第八百四）

七　三十番神

三十の神々が毎日交代で法華経を守護するとして選んだ。

観音塚

太陰暦では一ヶ月が二十九日又は三十日となる。平安時代前期に円仁（慈覚大師）が比叡山で法華経を書写した折、守護として神々を勧請した。

始めは十日～十九日、二十三日、二日の神を十二支の日に当て十二神としたが、延久五年（一〇七三）に十八神が追加されて三十神となつた。中世には日蓮宗で重んじられるやうになつた。

三十番神

十日　伊勢　二十五日　赤山
十一日　八幡　二十六日　建部
十二日　賀茂　二十七日　三上

十三日　松尾　二十八日　兵主
十四日　大原野　二十九日　苗鹿
十五日　春日　三十日　吉備
十六日　平野　一日　熱田
十七日　大比叡　二日　諏訪
十八日　小比叡　三日　広田
十九日　聖真子　四日　気比
二十日　客人　五日　気多
二十一日　八王子　六日　鹿島
二十二日　稲荷　七日　北野
二十三日　住吉　八日　江文
二十四日　祇園　九日　貴船

『國史大辞典』

八　しやぐじ　社宮司　石神

しやぐじ（社宮司、石神）は信濃国を淵源とし、中部地方に広く分布する古い信仰である。今は茅野市高部の神長官守矢史料館の敷地内に「みしやくじ（御社宮司）社」があり、本社に相当する。諏訪神社の神長官洩矢氏の奉じた「みしやぐち」信仰と、出雲国から来た大祝氏の信仰とが複合したものが諏訪信仰の根本である。

神体は多く縄文時代中期の石棒であり、「石神」を宛てる由緒である。又ほこらに巨木があり「しやぐじ、みしやぐじの木」と呼ばれたと云ひ、信仰の重要な要素であつたらしい。木製の杓子を供へるのも、そこから由来するのであらう。名古屋市内に社宮司は三社ある。

南区内には新屋敷村に石神があつたが今は無い。

本地村には社宮司が現存する。新屋敷村と荒井村とにあつたが、今は無い。各条参照。

鳴海には字森下に小塚があり、「おしやごし」と云ひ杓子を供へた。明治十年に無くなつた。

大高の字田中の神明社の古称は「おしやぐじ」と呼ばれた。

熱田には須賀町に社宮司社が現存する。『熱田町旧記』の大瀬子町の条に、

社説に日本武尊東征の日嚮導の狗神（いぬかみ）を祭るといへりとある。『熱田大神宮御鎮座次第神体本記』に狗神神社があり、註に元鳴海にあり、今熱田にありとある。『金鱗九十九之塵』に、

〇狗神神社　表大瀬子町にあり

とあり、本来は狗神神社であつた。拙著『緑区神社誌』（なるみ叢書　第二十四冊　鳴海土風会）参照。

九　神仙思想の仙人塚

拙著『桶廻間合戦研究』（中日出版社）「第十六章　仙人塚　戦人塚」に詳しく説いた。

一　神仙思想

神仙思想は早く日本に伝来し、三角縁神獣鏡の中には裏に仙人を彫ったものがある。犬山市東之宮古墳（三世紀後半）から出土した鏡は太陽光を当てると裏面の仙人の像が映し出される魔鏡であつたのは驚きである。

二　熱田は蓬萊と考へられた

理想境とされた蓬萊島を東海の日本とする考へが古くからあり、熱田神宮に楊貴妃の墓が出来、熱田の一里塚の南方、加藤図書助屋敷の東方に蓬萊山があつた。

元禄四年（一六九一）の『吾妻紀行』に記す。

蓬萊山とてつき山あり　形は亀に似て上には松生て亀の頭は南へむきたり

三　仙人の代表役の行者の堂

戸部村　長楽寺境内に行者堂がある。

笠寺村　笠寺観音にある。江戸時代は村控で西門の外、今は西門の内側。

南野村　琵飛羅社の東側に行者堂があり、行者が修行したと云ふ。今堂は無くなつたが、その地を普通行者堂と呼ぶ。

村の多くには仙人塚か行者堂か何れかがあつた。

四　豊明市の仙人塚

知多郡東阿野村、今の豊明市前後町の東海道北方、標高四十九米の山があり、頂きに塚がある。塚の前面に戦人塚と刻んだ石柱があるのを好機として、桶廻間合戦の史跡とし、ここで首実検をしたとか、戦死者の屍を埋めたとかを唱へる者があり、あらう事か国史跡に指定までされた。これは大脇村の屋形廻間（豊明市南館）が実際は今川義元の遥拝所であるのに討死地であると誤解する旅人が多くなつたのに乗じて、仙人塚に偽称の戦人塚の石柱を立て一種の観光地化を図つたもので捏造である。

ここは『寛文村々覚書』に「仙人塚山」とある。即ち一地点の地名である仙人塚が広域地名である山の地名にまで拡がつた訳で、仙人塚を築いたのが戦国時代より遥かに古い時代である確証である。それを弁へて江戸時代の書に戦人塚は見当らず、専ら千人塚、仙人塚とする。『定本柳田国男集』に拠ると、千人塚は仙人塚なりとする。

十　玉照姫

鳴海も平安朝時代になると、東西交通の道すぢとなつて、大宮人のゆききが繁くなつた。たゆたふ春の日、山茶花の咲き匂ふ秋の一日、鳴海の里は都人達の旅情をわきたゝせたことであつたらしく数々の和歌が残されてゐる。

そんな頃、鳴海長者太郎成高の邸が、今の瑞泉寺の辺りにあつた。その長者の家へ侍女として行儀見習ひに来てゐた、美濃の国不破郡野上長者の娘に玉照姫といふ麗人があつた。野上長者の跡は今も、岩田富太郎といふ人が住んでゐるさうだがこの話に縁はない。姫は名の如く容色優れてゐるばかりでなく、心やさしい娘として近郷に評判であつたが、或る日笠寺観音を通りかゝると、御本尊が雨に打たれておいでになる。笠寺観音は聖武天皇天平八年善光上人の開基とされてゐるがその頃は堂宇が荒れ果てゝゐたものとみえる。折よく自分がかむつてゐた笠を御本尊の頭に覆ひ奉つた。一寸風流な十一面観世音が出来上つたことであらう。

時移つて、藤原兼平朝臣が東下りの途次、鳴海長者の客となつて、玉照姫を見染めたと思ひ給へ。よくある手である。帰路懇望して自分の正室として乞ひ受けて都へ帰つた。玉の輿に乗つた姫は、仏縁を徳として夫を説いて延長八年堂宇を再建せしめ天林山笠覆寺と称へ寺領数百町歩を寄進した。笠寺観音縁起として有名な話である。

後年芭蕉が

　笠寺やもらぬ窟も春の雨

と詠んだのはこの縁起である。大宮人と長者の娘との恋が鳴海の里に芽生えて実を結んだのである。笠寺観音に近い泉増院に姫の墓があつて寺伝の白粉を売つてゐるから求めてみ給へ。

榊原清彦『鳴海茶話』(なるみ叢書　第十八冊　鳴海土風会)

十一　力石

力石は神社に安置される。神の依代(よりしろ)の石を持上げ、豊凶を占ふ石占である。やがて男の子が持上げて力比べをする事になり、基本である石担ぎの他に石廻し(西班牙(スペイン)にある)、石投(瑞西(スイス)にある)など様々の方法がある。

慶長八年(一六〇三)の『日葡(にっぽ)辞書』に「力石」が載り、力試しをする石とあり、室町時代末期に既に行はれてゐた。

高島愼助「名古屋市の「力石」」(「民具マンスリー」第二八巻第五号)に拠ると南区の力石は左の通り。

熊野三社　呼続二丁目

七八糎　四八糎　三二糎

笠寺縁起『尾張名所図会』

笠寺縁起

笠寺観音　笠寺町字上新町
七九糎　四二糎　二四糎
石立（いしたて）で、石の一端に手を掛け、地面からどれぐらい立たせられるか競った。

紀左衛門神社　内田橋一丁目
八二糎　二九糎　二八糎
「力石」との切付（石への彫刻）がある。

須佐之男神社　源兵衛町五丁目
六一糎　三六糎　三〇糎
「源兵衛新田　村方　二矢之□」の切付がある。

右に記載の無い力石に左記があるので補ふ。

稲荷社　道徳前新田　豊田一丁目二〇―二一
境内の西端に二個の力石が置いてある。

神明社　長三郎新田　豊二丁目三―一六、一七
拝殿前の右手に力石が三個あり、一部を埋めて固定してある。

力石　呼続神社

力石　長三郎新田神明社

十二　天白川

天白川の名前の由来

一　天白橋の北東の字天白にあつた天白社による　三渡俊一郎『天白信仰の研究』

二　往還ノ辺ノ高ミニ天白社有　『大日本国郡誌編輯材料』（なるみ叢書　第四冊　鳴海土風会）

の二説がある。

一説は三渡俊一郎他『星崎の塩浜』に、

名称の由来は、緑区鳴海町天白に、かつて東海道の辺りに天白大明神の社があり、これより天白川と呼ばれると『蓬東大記』（寛保元年著）に示されているが、その後山王ノ社の境内に天白ノ社が移つたと記されている。

とし、『蓬東大記』に、

一　字天白に天白社があつた。

二　字天白から山王社の境内に移つた。

の二つが記されてゐると主張する。

国会図書館本『蓬東大記』には、

　往還ノ辺ニ天白大明神ノ社有依之号天白川申候

とあり、東海道の辺に天白社がある事を記すのみである。それだけでも一説は捏造した説として否定される。

　但し『尾張志』に、

　　この天白といふ処に天白社といふもありこゝより出たる川の名也

として江戸時代にも一説はあつたので、念の為述べる。

一　天白社は江戸時代初に山王山にあつた。

　慶長十三年（一六〇八）の備前検地で山王山の山王社、天白社は縄除として免税になつた。これは古くからの社の存在が公認された故の事であり、室町時代以前から山王山にあつたのである。

二　字天白は室町時代、海中か渚であつた。

　その証拠に、字天白は午新田、巳新田、酉新田、後西新田として後代に田になつた。

　山王山から西方の笠寺村狐坂を結ぶ渡しがあつたのはそれほど古い時代ではない。字天白は慶長十三年にはあつたが、天白川の脇であり低湿地であつた。

　天白社の存在が人々に広く知られ川の名になるには、かなりの年数が必要であり、それほど古い時代には字天白は陸化してゐなかつた筈である。

三　字天白から山王山に移転する理由が無い。

　どこにも移転した記録が無い。

四　天白社は高台に祀られる。

　中野久仁彦「天白社とお社口様」（『豊明文化財保護のあゆみ』）に、

　　天白社の分布状態を調べてみると、所在地の多くは河川近くの集落高台地にあつて、祠は川の方向に向けて祀つてあつて

とあり、山王山に祀られた天白社に吻合する。

　結論として二説が正しく、古くから山王山に鎮座した天白社から天白川と名付けられた。

　「天白」は『東海道名所記』以下の江戸時代の諸書に拠れば「てんばく」と読み、「ぱ」ではない。半濁音は新しい発音である。「関白」も「くわんばく」である。

十三　名古屋市内の神社

一位	神明	八十七社	
二位	八幡	五十七社	
三位	白山	二十五社	
四位	津島	二十四社	須佐之男社を含む
五位	秋葉	二十一社	

六位	稲荷	十七社
七位	八剣	十六社
七位	天神	十六社
九位	熱田	十三社
十位	山神	八社
十一位	金比羅	六社
十一位	浅間	六社
十一位	六所	六社
十四位	諏訪	五社
十四位	熊野	五社
十六位	春日	四社
十六位	七所	四社
十八位	社宮司	三社
十八位	八王子	三社
二十位	八龍　斎宮　金山　日吉　塩釜　知立　貴船	各二社

『愛知県神社名鑑』に拠る

十四　鳴海伝馬新田の有様

伝馬新田は星崎の西にして青海原を築立、あらがねの土をこやし、いまは民家多く立ならび、鳴海潟のいま名所抔と俗によばる。折から七兵衛の宅招かれて夏の日の愁をはらし、我が家に帰らん事を忘れものならず、鳴海潟芦間を月の影われて、夕べ涼しき星崎の浦と腰あひしければ、友どちども次而に誹諧せんといふにぞ

涼しさを見よとや走ル帆かけ船

下里知足『寂照庵初懐紙』

十五　藩主の知多郡道通行

尾張藩主は度々知多郡へ巡行し、知多郡道を通る事が多かつた。徳川宗春の享保十八年（一七三三）の場合、

知多郡道　天白川西

十一月朔日　宗春は下屋敷を出て堀川より俊剛丸に乗船し、鳴海潟に来た。此の日はあいにく風が強く波が立ち、熱田の燈台の辺より上陸し、東海道を東行した。笠寺村の一里塚の東より知多郡道に入り、本地村、南野村を経て天白川と扇川とを渡り、鳴海村善之庵の鳴海八幡宮に参拝した。鳴

海宿本陣西尾伊右衛門ら鳴海村役人は上下(かみしも)を着て御目見えした。
朔日、二日大野泊、三日、四日師崎泊、五日緒川泊、六日に再び知多郡道を通り名古屋に帰つた。
『尾藩世紀』、『千代倉家日記抄』に拠る。

十六　星　石

星石とは隕石の和語で『和訓栞』に見える。『南区郷土文化写真集』に左記がある。

星　石　　　星崎一丁目　喚続神社所蔵

これは隕石(いんせき)である。重量一・〇五瓩総体黒褐色で処々乳白色の斑点(はんてん)があり一部欠けているのは落下した時、黒人が鉈(なた)を打ちつけたあとである。その由来は寛永九年（一六三二）八月十四日夜、星崎の住人村瀬六兵衛が汐浜(しおはま)にいた時、忽然(こつぜん)虚空光り電光の如く眼前に落下したものがあるので思わず地上に伏したが暫くしてあたりを見ると、一つの石があった。これを拾い帰り、代々秘蔵して来たが、家に伝えて汚損することを怖(おそ)れ、文政十二年（一八二九）氏神の喚続神社に寄進したものである。

星石の箱書は左の通り。

右ハ當村村瀬六兵衛中興二世ノ祖六兵衛　寛永ノ頃或夜當村汐濱ニ在シ時忽虚空ニ光アリテ其勢電煌ノ如クシテ目前ニ墜落ス是ヲ　星ノ降ルト見認メ驚愕シテ不図佩鎌ヲ其光ニ抛チ地上ニ伏ス須臾過シテ其邊ヲ視ルニ抛ツ鎌ト倶ニ一ノ石アリテ其一面ヲ闕ク是抛ツ鎌為ニ損ス是ヲ得テ世々ニ珍蔵ス同家九世ノ六兵衛謂ラク我家ニ傳ヘ汚穢センコトヲ怖レテ文政十二年丑二月當社ノ神蔵ニ収ム

昭和五十一年村山定男国立科学博物館員の鑑定により日本最古の隕石と認定された。後に直方隕石が日本最古と認定されたので日本第二位の古い隕石となつた。

星　石

寸法　一三・八糎　八・三糎　七・四糎
重量　一・〇四瓩
落下地点　南野三丁目一六

直方隕石は貞観三年（八六一）五月十九日福岡県直方市の須賀神社境内に落下し、重量四・七二瓩　高さ七・三糎　周囲一八糎　昭和五十六年

の鑑定で、目撃記録を伴ふ世界最古の隕石と認定された。当時国内発見三十五番目の隕石であつた。それまでの世界最古は一四九二年十一月七日にアルザスのエンシスハイムに落下した隕石だとされてゐて、それを六百三十年上廻る古い隕石であり、飛石と呼ばれてゐた。

平成四年十二月十日に落下した美保関隕石と組成が同じで、両隕石は同一母体にあり、一部が直方に、一部が美保関に落下したものと考へられる。

十七　星崎の製塩

加賀宣勝『星崎の塩』に、

弥生時代　或程度の製塩が行われたのではないかと思う。

古墳時代　南野町附近、戸部町戸部遺跡、千竈通りで知多半島堀切貝塚よりおくれて、6世紀の終りころから製塩が初められている。

奈良時代　星崎式製塩法は、飛鳥時代の終りころからこの時代の中ころまでが最盛期で、終りころ衰退する。

平安時代　この時代のはじめころ星崎（南野町・千竈通り・戸部町）附近では、角形製塩土器による製塩が終る

とあり、古代より星崎で製塩が行はれてゐたと述べる。

弘安六年（一二八三）阿仏尼の『うたたね』に、

鳴海の浦の潮干潟、音にきゝけるよりもおもしろく、浜千鳥むら〳〵に飛びわたりて、あまのしわざに年ふりにける塩竈どもの、おもひ〳〵にゆがみ立てたるすがたども、見なれずめづらしき心地する

と海水を煮て塩を作る竈のさまを記す。

延慶三年（一三一〇）の『夫木和歌抄』（拙著『東尾張歌枕集成』なるみ叢書　第二十六冊　鳴海土風会）

なるみがたとをきひがたのまつかぜに
　けぶりぞのこる浦のしほがま　法眼慶融

もある。

十八　松風里　まつかぜのさと

松風里の和歌で最も古いのは延慶三年（一三一〇）の『夫木和歌抄』に収められた「松かぜの」の和歌である。

松かぜのさとにむれゐるまなづるは
　ちとせかさゐぬ心ちこそすれ　詠人不知

拙著『枕草子及び平安作品研究』（和泉書院）で詳しく考証した一部を抜粋する。

正和元年（一三一二）頃に成った『歌枕名寄』に尾張国とある。国内のどこかについては、

一　知多郡大高村、横須賀村

二　星崎

三　山崎村、新屋敷村、戸部村

四　熱田

と説がある。

三、四は古い書に無く江戸時代に入ってから発生した説である。

尾崎久彌「元禄時代の尾張の地名」「江戸文學研究」二巻第十二冊に、

古来鳴海附近の歌枕であった名所を、屢々（しばしば）宮に奪ってをります。

とある通りで、尾張国の歌枕を熱田とする説は時代が新しく信すべきではない。

二は文亀二年（一五〇二）の『名所方角抄』に松風の里は星崎の西寄りの浦近くに見えるとあり、本地村の西側の浜辺であった。『一目玉鉾』や『塩尻』の『尾南略図』に描く。二が正しい。

『千代倉日記抄』正徳二年（一七一二）十月九日条に蝶羽が山口素堂に同行し、松風などの歌枕を見物した記事があり、鳴海では知られてゐた。

但し永禄十年（一五六七）の『富士見道記』に大高城を「城は松風の里」と云ふので、星崎の対岸の大高に及して云ふ事があった。

十九　松炬嶋　まつこしま

松炬嶋は松巨嶋とも書く。『尾張和歌名所考』に「マツゴノ嶋」と読み、氷上の地西大高村かとする。他の地とする説があり、拙著『枕草子及び尾張国歌枕研究』（和泉書院）に取上げて考証した。結論を中心に略述する。

一　大高村　『熱田神社問答雑録』

二　山崎村、新屋敷村、戸部村、桜村、笠寺村、本地村、南野村、牛毛村、荒井村　『尾張徇行記』

三　熱田　『朱鳥官符』

四　鳴海　『尾張視聴合記』

と四つの説がある。四は鳴海村と云ふ狭い意味ではなくて、熱田から鳴海迄の伊勢湾北部を鳴海潟と呼んだ広い意味での鳴海と考へられ、二に含まれる。

結論として次の通りとなる。

一　「松炬嶋」は宮簀媛命、草薙剣の所在地を呼んだものである。

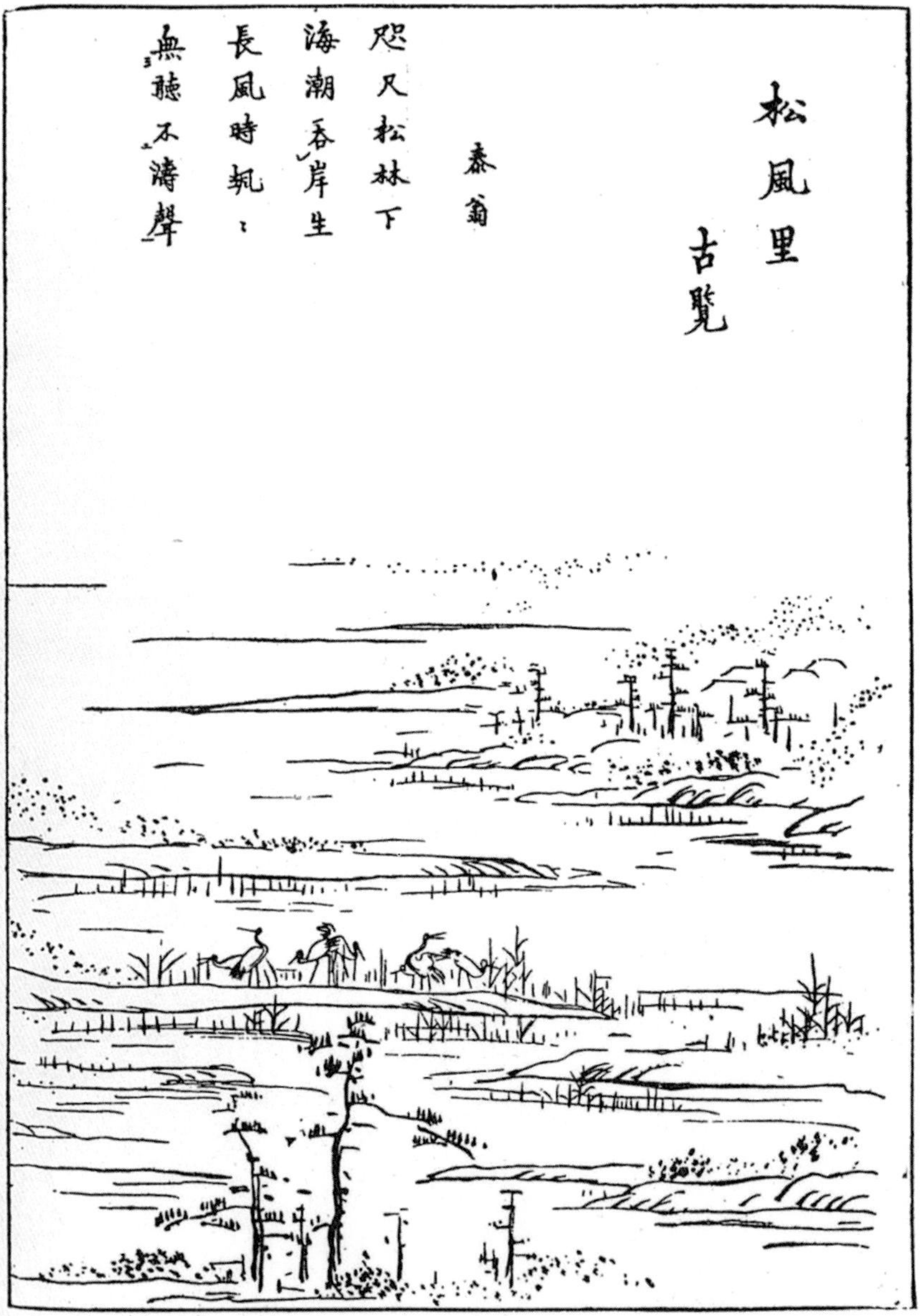

松風里古覧
泰翁
咫尺松林下
海潮呑岸生
長風時颯々
無聴不濤聲

松風里古覧『尾張名所図会』

白鷗
松籟傳琴韻
雨寒乱鶴聲
晨昏聴不絶
認得古郷名

二　宮簀媛命の在住時及び草薙剣が火上社に奉持されてゐた時は火上（氷上、大高）が松炬嶋と呼ばれた。

三　山崎村、新屋敷村、戸部村、桜村、笠寺村、本地村、南野村、牛毛村、荒井村が松炬嶋と呼ばれたのは草薙剣が本地村に祀られてゐた為であらう。熱田に移つた後も昔の名残で呼ばれた。

四　熱田が松炬嶋と呼ばれたのは大化年間に草薙剣が熱田に祀られてからの事であらう。

五　宮簀媛命を祭神とする熱田神宮の摂社松姤（まつこ）社から考へると、松姤は宮簀媛命の別称であり、宮簀媛命の在住地や、宮簀媛命と縁の深い草薙剣の所在地を松炬嶋（松姤嶋）と呼んだのであらう。そこで時代により松炬嶋の地は変る事となつた。地形から名付けられたのではない。

六　松炬島は宮簀媛命及び草薙剣の移動により、火上（大高）から本地村を含む一帯へ、更に熱田へと変つた。

二十　夜寒里　よさむのさと

『宰相中将国信歌合』　康和二年（一一〇〇）四月廿八日

十三番夜恋

右　　顕仲朝臣

嵐吹くよさむの里のね覚には
　いとゞ人こそ恋しかりけれ

とあり、顕仲は『永久四年百首和歌』にも

袖かはす人もなき身をいかにせむ
　夜さむのさとに嵐ふくなり

と夜寒里を詠んでゐる。

拙著『枕草子及び尾張国歌枕研究』（和泉書院）で詳しく考証した一部を抜粋する。

夜寒里は熱田とする書が最も多く、次いで鳴海潟とする書が多い。しかし熱田とする説は江戸時代になつてからの書に限られる。文亀二年（一五〇二）の『名所方角抄』に星崎の西寄りの海辺とするのが最も古く唯一信ずべき説である。『一目玉鉾』に星崎辺の図を描き、北に松風の里、南に夜さむの里を描く。

『吾嬬路記』　夜寒の里は星崎の西にあり　浦に近し

『東海道巡覧記』　夜寒の里松風の里星崎村皆ならひて浦つたひなり

など本地村とする書は少くない。

二十一　呼　続　　よびつぎ

拙著『枕草子及び平安作品研究』（和泉書院）の「呼続の浜」で考証した。一部を抜粋する。

『新後拾遺和歌集』　巻第八　雑秋歌

熱田の亀井の寺に住み侍りける時にあまた詠み侍りける歌の中に浜千鳥を　　厳阿上人

鳴海潟夕浪千鳥立ちかへり
友よびつぎのはまに鳴くなり

『新後拾遺和歌集』は弘和三年（一三八三）の奏覧であり、尾崎久彌「名古屋附近の歌枕」（「無閑之」第二七号）に、厳阿上人の歌最も古きが如しとある。

この歌から熱田の海は年魚市潟ではなく、鳴海潟である事が証明される。亀井の寺は円福寺であり、明治初年以降山崎村に字呼続があり、明治二十二年呼続村が出来、大正六年愛知電気鉄道の呼続駅が開設されたので、呼続は熱田寄りの地と考へられがちだが、広く鳴海潟一帯の呼称とするのが正しい。

『尾張志』に、

呼続浜・熱田の東の方より鳴海までの間すへてをいふ名なり　本地村に星崎郷呼続浜といふ古名あるよし伝へいへり

とあり、南野村に喚続神社、呼続堤があり、牛毛村に呼続地蔵（地蔵寺）があり、山崎村方面に限らない。

呼続の和歌は榊原邦彦『東尾張歌枕集成』（なるみ叢書第二十六冊　緑区鳴海町字作町六六　鳴海土風会）に四十首を収めた。一部を引く。

用比都疑能　波麻波登袁美能　宇良都多比
多那許々呂須流　袁登蘇宇礼斯幾
よひつきの浜は遠みの浦伝ひ
たなこころする音そうれしき
氷上宮御本起之書紀　宮簀媛命

あけかたに夜やなるみかたたれとなく
人よひつきの浜にこゑする
荷田春満歌集　荷田春満

なるみかたよひ継の浜なとを見て行に
声たてゝ鳴海を出るはや花御
ゆくさき〳〵によひつきの浜
小治田之真清水　石田未得

呼続浜落雁
さらてたに落くる雁の名にめてゝ
呼続の浜に声やそふらん
金鱗九十九之塵　佐野紹益

呼続浜古覧『尾張名所図会』

土御門泰邦卿
東行話説
松風や
よさむの里に
なきてすむ
つるハみちせを
よひつれの
濱
鳴海潟

「明治15年愛知県郡町村字名調」、明治17年の
「地籍字分全図」・『地籍帳』より作成

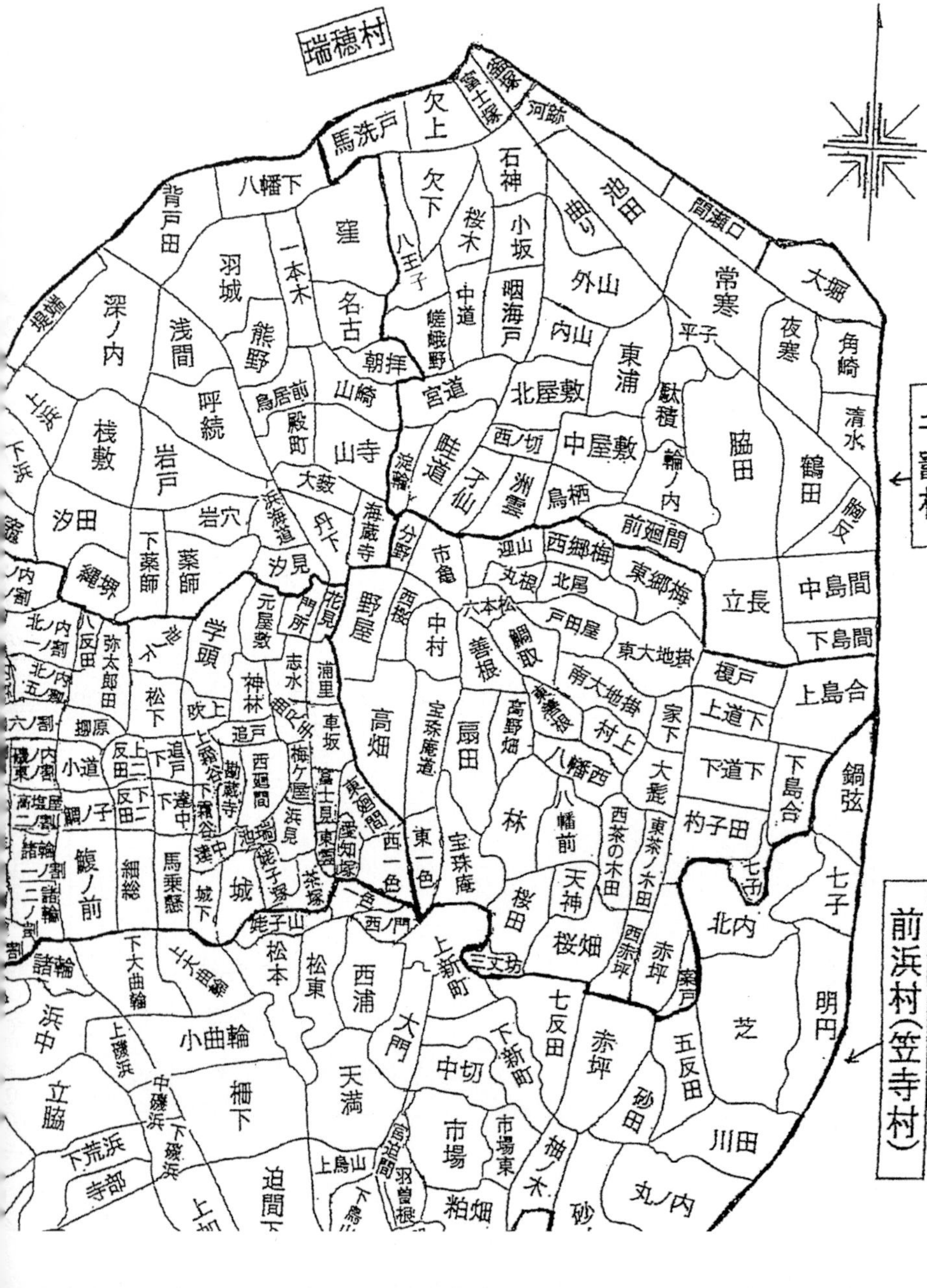

名古屋市南区の旧字名図

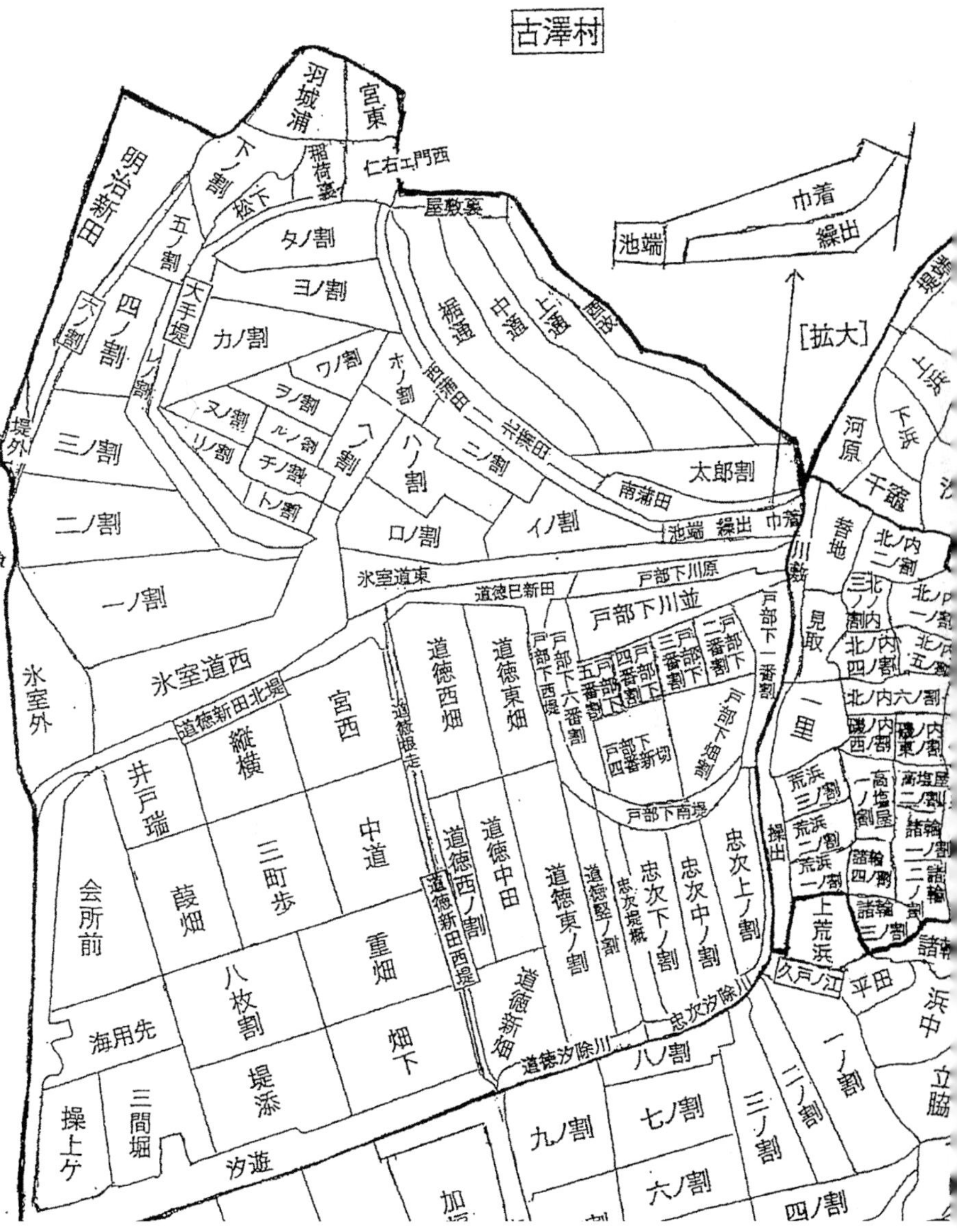

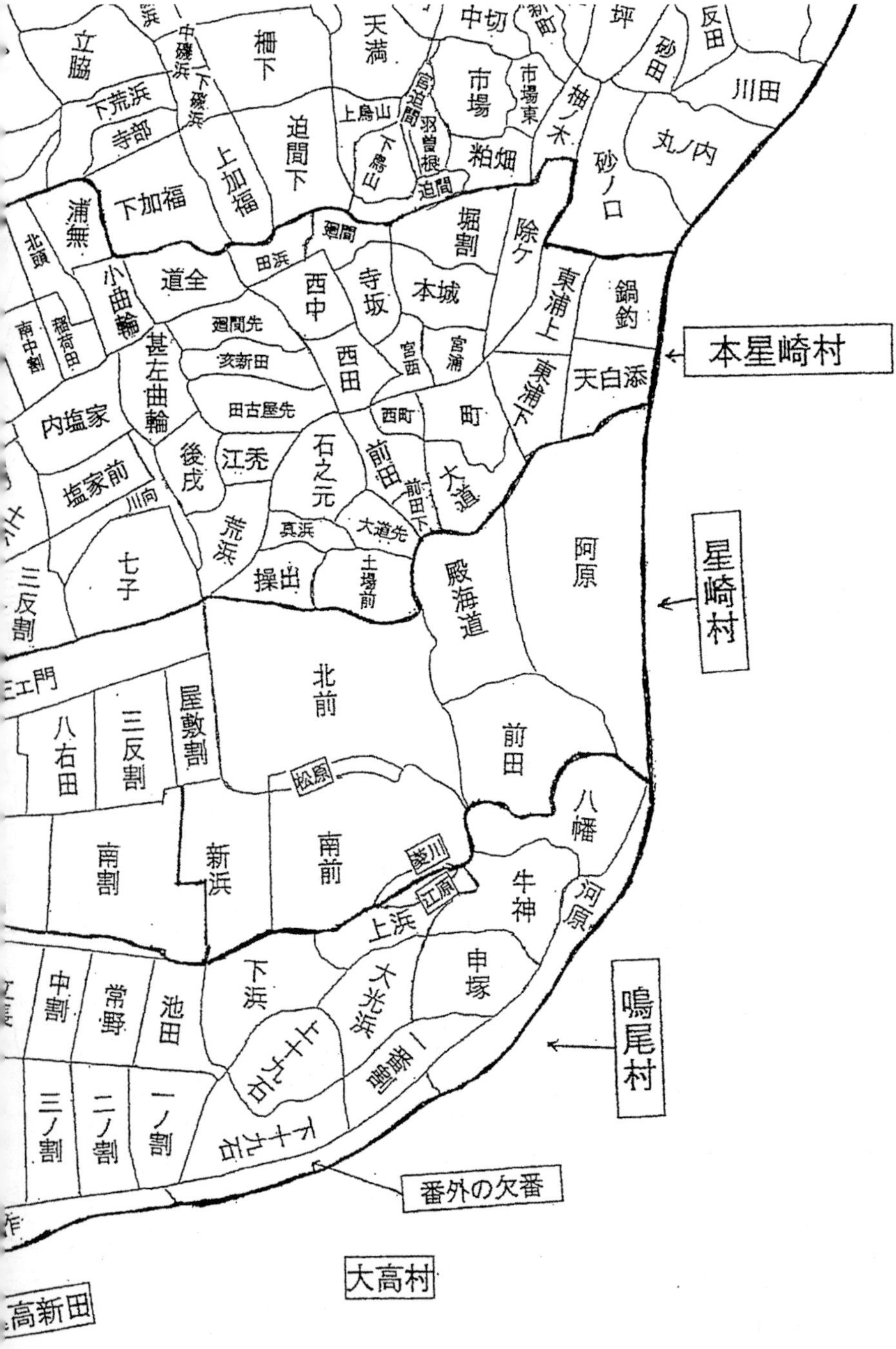
立脇
中磯浜
柵下
天満
中切
坪
反田
砂田
川田
下荒浜
下磯浜
寺部
上烏山
宮迫間
市場
市場東
柚ノ木
迫間下
羽曽根
下烏山
粕畑
丸ノ内
上加福
下加福
浦無
迫間
砂ノ口
北頭
廻間
堀割
除ケ
田浜
寺坂
道全
小曲輪
西中
本城
東浦上
鍋釣
南中割
稲荷田
廻間先
宮西
宮浦
本星崎村
甚左曲輪
亥新田
西田
東浦下
天白添
田古屋先
西町
町
内塩家
石之元
前田
後戌
江禿
大道
塩家前
前田下
川向
荒浜
真浜
大道先
阿原
星崎村
七子
操出
土場前
殿海道
三反割
北前
屋敷割
三反割
八右田
前田
松原
八幡
南割
新浜
南前
菱川
牛神
江原
河原
上浜
中塚
下浜
大光浜
中割
常野
池田
鳴尾村
七十九石
一番割
三ノ割
二ノ割
一ノ割
下十九石
番外の欠番
大高村
高新田

名古屋市南区の旧字名図

□で囲ってある字名は明治十七年
以降にできた字名である。
羽城浦(裏)・宮東は熱田区に、北
南・神徳は港区に編入さた。
操上ケ
三間堀
堤添
汐遊
道徳汐除川
八ノ割
九ノ割
七ノ割
三ノ割
二ノ割
六ノ割
十ノ割
五ノ割
四ノ割
加福五ノ切
加福四ノ切
加福三ノ切
加福二ノ切
加福一ノ切
撞木江築留東
撞木江築留西
北横手
堤外根走
北割
中ノ割
南ノ割
屋敷割
堤起
根走
北下割
北中割
北頭割
南下割
南中割
南頭割
百間場
北
南
南横手
大江
繰出
八左エ
四ノ割上ノ切
三ノ割上ノ切
二ノ割上ノ切
四ノ割中ノ切
三ノ割中ノ切
二ノ割中ノ切
四ノ割下ノ切
三ノ割下ノ切
二ノ割下ノ切
乾割
中割
西ノ切
八反割
大手堤
下ノ切
平田
中ノ切
上ノ切
根走
丹後江
下ノ切外
三角
江北下ノ切
江北中ノ切
江北上ノ切
立長
トノ割
ヘノ割
イノ割
下六七町
道下中割
道上中割
四ノ割
神徳
チノ割
ホノ割
ロノ割
上六七町
屋敷割道下
屋敷割道上
リノ割
ニノ割
ハノ割
堤内
流作
堤外
南柴田新田
犬山新田

後書

地名は極めて貴重な無形文化財であり、市町村は伝統を守り地名を尊重すべきであるのに、従来の地名の抹消、改変や根拠無き捏造が目に付く、一二の例を挙げると、
新屋敷村　牛毛村　荒井村は往古より、明治初年まで用ゐられた由緒ある地名であるのに町名に無い。牛毛、荒井は天白川を隔てた鳴海では今も用ゐるので現地では通用してゐるであらうが、公称として復活させるべきである。

新田名は源兵衛町、東西又兵ヱ町など継承してゐるものはあるが、古伝馬新田や鳴海伝馬新田など町名でない新田が多い。全ての新田名を町名として後代に伝へるのが望ましい。鳴海では鳴海伝馬新田であつた地に行く事を「伝馬に行く」と今も云ふが、町名として残す事を名古屋市に期待する。

南区北部に豊の地名を新造して命名した。豊田なら明治初年以降の歴史ある地名と云へるが、豊など今迄誰も使つた事が無い。海を埋立てて造成した土地ならば地名を新造しても良いが、歴史ある土地には伝統ある地名があり、それを後世に伝へるのが現代人の責務であらう。

私が南区の史跡に出掛けたのは昭和二十九年の鳴海文化協会主催の探史行の折である。その時の資料

は今回の執筆で参考にした。

『笠寺星崎探史ハイキング案内　四ノ巻』（昭和二十九年　鳴海文化協会）

南区には史跡が多く、判らぬものがある。例へば永井勝三『鳴尾村史』に見える「興治別（ほむたわけ）命御墓」は本地村字坂上にある由であるが、詳しい事は不明である。御存知の方はお教へ頂ければ幸である。

南区はどの村も歴史が古い。伝承されてゐる事項を御教示頂きたくお願ひ申し上げる。

令和三年九月

榊原邦彦

名古屋史跡巡り 二

南区史跡巡り

令和三年十月十四日発行
定　価一九八〇円（本体一八〇〇円＋税一〇％）

著　者　榊原邦彦

発行者　寺西貴史

発行所　中日出版株式会社
名古屋市千種区池下一丁目四—十七
電　話　〇五二—七五二—三〇三三

ISBN978-4-908454-47-9

榊原邦彦 郷土史著作物

『北川孟虎の研究』　昭和四十八年　鳴海土風会　共著
『熱田風土記　巻七』　昭和四十八年　久知会　共著
『熱田風土記　巻八』　昭和五十七年　久知会　共著
『鳴海宿書上帳』　昭和五十七年　鳴海土風会
『緑区の歴史』　名古屋区史シリーズ　昭和五十九年　愛知県郷土資料刊行会
『鳴海名所圖會』　昭和五十九年　鳴海土風会
『尾張三河の文學』　昭和五十九年　鳴海土風会　共著
『尾張三河文藝讀本』　昭和六十三年　鳴海土風会　共著
『桶廻間合戦圖會』　平成二年　鳴海土風会
『桶廻間合戦寫眞集』　平成五年　鳴海土風会
『尾張三河の古典』　平成八年　鳴海土風会　共著
『緑区の史蹟』　平成十二年　鳴海土風会
『鳴海八幡宮誌』　平成十六年　鳴海土風会

『緑区神社誌』　平成十七年　鳴海土風会
『鳴海の芭蕉』　平成十八年　鳴海土風会
『東尾張歌枕集成』　平成十九年　鳴海土風会
『高嶋箕川翁詩集』　平成二十一年　鳴海土風会
『緑区郷土史』　平成二十三年　鳴海土風会
『枕草子及び尾張国歌枕研究』　平成二十五年　和泉書院
『桶廻間合戦研究』　平成二十七年　中日出版社
『みくにことば　第二輯』　平成三十年　中日出版
『東海道鳴海宿』　平成三十一年　中日出版
『緑区地方史』　令和二年　鳴海土風会